Das Bergische Kochbuch

von Uschi Schumacher
mit Zeichnungen von
Jochen Geilen

Uschi Schumacher

Das Bergische Kochbuch

Ein Buch zum
Kochen und Schmunzeln
mit Zeichnungen
von Jochen Geilen

Gronenberg Verlag
Gummersbach

Herausgeber: E. H. Ullenboom
Grafik: Hans Lambach
Zeichnungen: Jochen Geilen
Reproduktionen: E. Gronenberg-Gummersbach
Buchbinder: Berenbrock-Wuppertal
Copyright 1978 by: E. Gronenberg-Gummersbach
ISBN 3-88265 - 019 - 2

Inhaltsverzeichnis

Über 100 Rezepte
von Bergischen Gerichten

Vorwort

Kennen Sie „Pannenbrei", „Puffert" oder Schluchkoochen"? Für die meisten älteren Bewohner des Bergischen Landes rufen diese Gerichte eine Zeit und ihre Küche in die Erinnerung zurück, die Genügsamkeit und Sparsamkeit gebot. Nichts vom Überfluß der Gegenwart. Dennoch üben diese Rezepte eine besonderen Reiz aus, der oft den Ruf nach Omas „Riefplätzchen" oder „Suren Kappes" ertönen läßt. In einer Zeit, in der die Raffinessen fernländischer Kost alltäglich geworden sind, besinnt man sich auf „gute, alte Hausmannskost".

Diese Feststellung ließ bei einem Verleger die Idee dieses Kochbuches reifen, seine Begeisterung steckte an, und bald war eine Anzahl von Mitarbeitern gefunden. Mit der Absicht, das vor dem Vergessen zu bewahren, was als deftige Hausmannskost gerade heute wieder Liebhaber findet und dem Küchenetat der Hausfrau finanzielle Entlastung verschafft, begann die Arbeit. Viele der ältesten bergischen Bewohner gaben in freundlicher Weise Einblick in so manche Erinnerung an vergangene Zeiten und opferten Stunden ihrer kostbaren Zeit. Sie erinnerten sich an alte Gerichte, an lustige Begebenheiten, die das Essen betrafen, und an die Mühen, die die häusliche Wirtschaft in alter Zeit bereitete. Das haben wir versucht, in den drei Kapiteln des „BERGISCHEN KOCHBUCHES ZUM KOCHEN UND SCHMUNZELN" für Sie festzuhalten.

Es werden Ihnen Gerichte vorgestellt, die von 1850 bis ca. 1930 im bergischen Raum die vorwiegend bäuerliche Küche bestimmten. Das soll nicht bedeuten, daß diese Gerichte nicht auch in anderen Bereichen, die ähnliche Lebensbedingungen aufwiesen, gekocht wurden. Es wäre ein hoffnungsloses Unterfangen, Grenzziehungen künstlich vornehmen zu wollen.

Viele der aufgeführten Gerichte haben in den verschiedenen Regionen des Bergischen unterschiedliche Namen. So heißen die in einer Spezialpfanne gebackenen Hefebällchen in Wuppertal Ballebäusken, in Radevormwald Bollebäuschen, in Hückeswagen Balleböschen und im Oberbergischen Bomböschen. Das Buch weist die Gerichte mit einer hochdeutschen Bezeichnung aus, da es keine einheitliche Bergische Mundart gibt. Die Nennung von Mundartbegriffen hätte sich nur auf wenige Beispiele beschränken können und wäre dann zwangsläufig unvollständig geblieben.

Die einzelnen Rezepte haben nicht nur in verschiedenen Regionen, sondern sogar in verschiedenen Familien schmackhafte Abwandlungen erfahren. Es wäre müßig nach dem einen Originalrezept forschen zu wollen. Beim Kartoffelbrot zum Beispiel nahm der eine Bauer nur geriebene rohe Kartoffeln, der nächste mischte rohe und gekochte geriebene Kartoffeln, und ein anderer suchte seine Variante durch die Abmessung der Geschmackszutaten. Gerichte, deren Genuß zweifelsohne Notzeiten vorbehalten sein sollten, sind in den Rezeptteil nicht aufgenommen worden, sondern werden im volkskundlichen Teil erwähnt. Alle im Rezeptteil erscheinenden Gerichte sind erprobt, und unter heutigen Bedingungen zuzubereiten. Die Zutaten sind teilweise in Reformhäusern erhältlich (z. B. Buchweizenmehl).

Die aus anderen Publikationen übernommenen Geschichten sind so bearbeitet worden, daß sie auch Bevölkerungsgruppen, die den Ort des Geschehens nicht kennen, zugänglich sind. Die Mundart deutet die Herkunft der Anekdoten an. Wenn der Ort nicht überliefert ist, kann nur eine grobe lokale Einordnung erfolgen.

Alle Mitarbeiter des „Bergischen Kochbuches zum Kochen und Schmunzeln" möchten sie nun einladen, Omas Küche neu zu beleben, und über Anekdoten schmunzelnd und im volkskundlichen Teil blätternd, die Vergangenheit Revue passieren zu lassen oder neu zu entdecken.

Ein herzliches Dankeschön möchte ich an die vielen Mitarbeiter des Buches richten:

– an Reiner Barthelmeß, der die von Christine Bendick aufgefundenen Küchengeräte fotografierte, und damit die Vorlagen für einige Zeichnungen schuf

– an Christine Bendick und Gudrun Hahn, die ihre Küche zeitweise auf bergische Kost umstellten und die abgedruckten Rezepte für Sie erprobten

– an Walter Brensing, der während der Entstehungszeit dieses Buches verstarb. Eine Woche vor seinem Tode lieferte er die gesammelten Anekdoten an den Verlag ab. Er wird allen Mitarbeitern in bleibender Erinnerung sein

– an Jochen Geilen, dessen Zeichnungen Sie vom Titelblatt an begleiten werden

– an den Gronenberg-Verlag, der mit diesem Projekt erneut den Mut zu einer volkskundlichen Publikation bewies

– an meine Großmutter, die die ständige Informantin war

– an Otto Kaufmann, einen unermüdlichen Heimatforscher, dessen Publikationen und Rat von unschätzbarem Wert waren

– an das Kreisarchiv Mettmann mit der angeschlossenen Bergischen Bibliographie und die Kreis- und Stadtbücherei Gummersbach, die mir bei der Literaturbeschaffung hilfreich zur Seite standen

– an Ernst-Herbert Ullenboom, den Verleger, der die Idee zu diesem Buch hatte und die Entstehung durch verständnisvolle Unterstützung begleitete

– an Adolf und Helmut Röder aus dem Röderhaus in Wuppertal und die Familie Fuchs-Feldermann von dem Feldermannschen Bauernhof in Radevormwald, die Fotomaterial zur Verfügung stellten und hilfreiche Hinweise gaben

– und an die vielen Ungenannten, die eine lästige Fragerei freundlich aufnahmen.

Für eine erweiterte zweite Auflage bitte ich alle Leser, die eigenen bergischen Haus- und Leibgerichte aufzuschreiben und die Rezepte an den Verlag zu senden. Im voraus meinen herzlichsten Dank für Ihre Mitarbeit.

Uschi Schumacher

Über 100 Rezepte
von Bergischen Gerichten

Die Rezepte sind, wenn keine anderen Angaben gemacht sind,
für 4 Personen berechnet.

Bergische Kaffeetafel

Die Bergische Kaffeetafel

Rezepte:

1. Hafermehlwaffeln (1)
2. Waffeln (2)
3. Waffeln (3)
4. Altbergisches Waffelrezept (4)
5. Waffeln (5)
6. Milchreis
7. Roggenbrot
8. Rosinenstuten
9. Apfelkraut, Butter, Käse

Bergische Kaffeetafel

Die Bergische Kaffeetafel ist die bekannteste der bergischen Spezialitäten. In den verschiedenen Bereichen der bergischen Landschaft hat sie verschiedene Varianten. Die Reichhaltigkeit der Kaffeetafel richtete sich nach dem Wohlstand der jeweiligen Familie. Die bekanntesten Zutaten für die Kaffeetafel sind: Roggenbrot, Rosinenstuten, Waffeln, Quark, Butter, Milchreis mit Zimt und Zucker und Apfel- oder Birnenkraut. Das Zierstück der Kaffeetafel ist die mit Kaffee gefüllte Dröppelminna in der Mitte der Tafel.

In neuerer Zeit wurde die Kaffeetafel angereichert mit den in heutiger Zeit genehmen Beigaben wie Konfitüre, Honig oder fester Käse. Vielfach findet man auch festen Kuchen oder Bomböschen auf Bergischen Kaffeetafeln.

Hafermehlwaffeln (1)

500 g Hafermehl
3 Eier
3/8 l Milch und Möhrensaft zu gleichen Teilen
2 Eßlöffel Zucker
1 Prise Salz
1 Teelöffel Anis
Fett

Butter und Zucker schaumig schlagen, Eier zugeben und nach und nach Flüssigkeit und Mehl unterrühren. Zuletzt gibt man Salz und Anis in den Teig und füllt ihn dann portionsweise in das gefettete Waffeleisen und läßt die Waffeln goldgelb backen. Zu den Waffeln reicht man Milchreis, Zimt und Zucker.

Waffeln (2)

250 g Weizenmehl	
250 g Hafermehl	1 Eßlöffel Rübenkraut
6–7 Eier	1/2 Tasse Möhrensaft
Zimt, Anis, Vanillezucker	250 g Butter
1 Päckchen Backpulver	Fett

Die Butter rührt man sahnig und gibt dann nach und nach die Eier und das mit Backpulver vermischte Mehl, Zimt, Vanillezucker und Anis darunter. Zuletzt fügt man Möhrensaft und Rübenkraut zu. Der Waffelteig wird portionsweise in ein gefettetes Waffeleisen gegeben. Die Waffeln werden mit Puderzucker bestreut oder mit Rübenkraut bestrichen gegessen. Typisch bergisch ist die Kombination von Waffeln und Milchreis.

Waffeln (3)

500 g Butter oder Margarine
375 g Zucker
750 g Kartoffelmehl
8 Eigelb
8 Eischnee
Fett

Butter und Zucker schlägt man etwa eine halbe Stunde und gibt dann Eigelb und Kartoffelmehl hinzu. Zuletzt hebt man den Eischnee unter. Den Teig stellt man am besten in einen Topf mit heißem Wasser, damit er flüssig bleibt. Der Waffelteig wird portionsweise in ein gefettetes Waffeleisen gegeben. Goldgelb backen! Das Rezept ergibt etwa 25 Waffeln.

Altbergisches Waffelrezept (4)

250 g Butter oder Margarine
500 g Mehl
4 Eier
3–4 Eßlöffel Zucker
1 Teelöffel Salz
2–3 Eßlöffel Honig
1 Päckchen Vanillezucker
1 Teelöffel Backpulver
Fett

Butter und Zucker werden sahnig gerührt. Die Eier zugeben. Nach und nach gibt man das mit Backpulver vermischte Mehl unter die Masse und rührt alles gut durch. Zuletzt fügt man Salz und Honig zu. Die Waffeln werden in einem gefetteten Eisen abgebakken. Das Rezept ergibt etwa zwölf Waffeln.

Waffeln (5)

250 g Butter
200 g Zucker   1/2 Teelöffel Backpulver
6 Eier   1 Prise Salz
250 g Mehl   Fett

Butter und Zucker schlägt man schaumig und fügt dann nach und nach die anderen Zutaten zu und verarbeitet alles zu einem glatten Teig. Mit einer Schöpfkelle gießt man den Teig portionsweise in das gefettete Waffeleisen, und zwar so viel, daß er allseitig bis zum Rand verläuft. Die Waffel goldbraun backen! Vor dem Servieren kann man die Waffel mit Zucker bestreuen. Die Waffeln lassen sich in einem geschlossenen Behälter aufbewahren.

Milchreis

1/4 l Wasser
1 l Milch
1 Tasse Reis
2–3 Eßlöffel Zucker
1 Prise Salz
eventuell:
2 Eßlöffel Vanillepuddingpulver
5 Eßlöffel Milch oder 1 Ei

Der Reis wird gewaschen und mit dem Wasser zum Kochen angesetzt. Nachdem das Wasser fast verkocht ist, fügt man die Milch und eine Prise Salz zu und läßt den Reis langsam garen. Zuletzt schmeckt man den Reis mit Zucker ab. Möglicherweise verfeinert man den Milchreis, indem man etwas in Milch verrührtes Vanillepuddingpulver oder ein Ei unterrührt.

Roggenbrot

Roggenbrot im häuslichen Backofen gebakken, erreicht nicht die gewünschte Qualität. Eine Beschreibung des Herstellungsverfahrens, wie es unsere Vorfahren kannten, finden Sie im volkskundlichen Teil.

Rosinenstuten

1000 g Mehl
5 Eßlöffel Zucker
1 Prise Salz
40 g Hefe
125 g Rosinen
knapp 3/8 l Milch
125 g Schweineschmalz oder Margarine
1 Ei

Man siebt das Mehl in eine Schüssel und macht eine Vertiefung in die Mitte. Dann gibt man etwa eine Tasse Milch, einen Teelöffel Zucker und die zerbröckelte Hefe in die Mitte und verrührt das Ganze mit einem Teil des Mehles. Diesen Vorteig läßt man etwa eine halbe Stunde an einem warmen Ort gehen. Wenn er etwa doppelt so hoch geworden ist, gibt man Zucker, Salz, den Rest der Milch, die erwärmte Butter und das Ei dazu und verknetet alles mit dem restlichen Mehl. Dann gibt man die gewaschenen und abgetropften Rosinen unter den Teig und läßt ihn erneut an einem warmen Ort gehen.

Der Teig kommt in eine Kastenform. Erneut gehen lassen. In der Mitte ritzt man den Teig mit einem scharfen Messer etwa einen Zentimeter ein.
Der Rosinenstuten wird bei 200 Grad etwa eine Stunde gebacken.

Brote

Ergänzende Brotrezepte für eine „Bergische Kaffeetafel" finden Sie in dem Rezeptteil „Brote, Stuten, Plätze".

Apfelkraut, Butter, Käse

In zeitraubenden Verfahren wurden mit einfachen Mitteln Apfel- oder Birnenkraut, Butter und Käse hergestellt. Die verschiedenen Herstellungsverfahren bedürften eines Nachbaus einer Butterkirne und einer Krautpresse. Die sogenannte „Klatschkäse"-Herstellung wäre mit im Haushalt befindlichen Geräten und Gegenständen zu bewerkstelligen. Die genaue Beschreibung der Verfahren können Sie in unserem volkskundlichen Teil nachlesen.

Suppen und Eintöpfe

Biersuppe (1)

1/8 l Wasser
3/4 l Bier
1 Prise Salz   1/8 l Milch
1 Prise Zimt   60 g Mehl
30 g Butter   2 Eigelb

Das Wasser wird mit Salz und Zimt zum Kochen aufgesetzt. Die Milch verquirlt man mit Zucker, Mehl und einem Eigelb und gibt diese Masse und das Bier zu dem kochenden Wasser. Das Ganze läßt man etwa eine Viertelstunde kochen. Vor dem Anrichten legiert man mit einem Eigelb.

Biersuppe (2)

1/2 l Milch
1/2 l Bier
1 Prise Salz
3–4 Eßlöffel Zucker
1 Stange Zimt
25 g Kartoffelmehl
1 Eigelb
1–2 Eischnee

Die Milch mit Salz, Zucker und Zimt zum Kochen bringen. Bier dazugeben und nochmals vorsichtig aufkochen lassen! Das mit etwas Milch verrührte Kartoffelmehl wird in die kochende Flüssigkeit gegeben, und dann legiert man mit einem Eigelb.
Nachdem man die Biersuppe vom Feuer genommen hat, hebt man das zu Eischnee geschlagene Eiweiß unter die Suppe.

Biersuppe (3)

1 l Milch   1/4 l Bier
1 Stange Zimt   2 Eigelb
1 Prise Salz   Zucker nach Geschmack
40 g Kartoffelmehl   2 Eiweiß

Die Milch bringt man mit Salz, Zucker und Zimt zum Kochen. Das Kartoffelmehl wird mit etwas Bier angerührt und in die kochende Milch gegossen. Nochmals aufkochen lassen. Dann gibt man den Rest des Bieres hinzu. Mit einem Eigelb legiert man die Suppe, stellt sie dann vom Feuer und hebt das zu Schnee geschlagene Eiweiß darunter.

Brotsuppe (1)

2–3 Scheiben Roggenbrot
1 Bund Suppengrün
2 Eßlöffel Fett
1 Zwiebel
1 1/2 l Brühe   Salz nach Geschmack
1 Ei   eventuell: 1 Prise Muskat

Brot, Suppengrün und Zwiebel werden fein geschnitten. Zwiebel und Suppengrün werden in dem Fett gedünstet. Dann gibt man das Brot dazu und röstet es. Mit lauwarmer Brühe füllt man auf, salzt nach Geschmack und kocht das Ganze 15–20 Minuten. Die Suppe wird durch ein Sieb gestrichen und mit einem Eigelb legiert. (Statt 1 1/2 l Brühe kann man auch 1 l Brühe und 1/2 l Milch verwenden.)

Brotsuppe (2)

1 1/2 Scheiben Schwarzbrot
1 1/2 Scheiben Weißbrot
1 l Wasser
1 Tasse Milch
1/2 Teelöffel Salz
1 Teelöffel Zucker
1/2 Teelöffel Zimt
3 Eßlöffel Essig, Wein oder Zitrone
Äpfel
Rosinen

Das Brot wird mit kaltem Wasser aufgesetzt und zum Kochen gebracht. Dann streicht man die Suppe durch ein Sieb. Milch, Salz, Zucker und Zimt verrührt man und vermischt es mit Brot und Flüssigkeit. Nochmals aufkochen lassen und einen Guß Essig, Wein oder Zitrone zufügen! Zuletzt Apfelstücke und Rosinen unterrühren.

Buttermilchsuppe

1/2 l Milch
3 Eßlöffel Vanille-Puddingpulver
1/2 l Buttermilch
2 Eßlöffel Zucker

Man bringt die Milch zum Kochen und gibt dann den Zucker hinein. In der Zwischenzeit rührt man das Vanille-Puddingpulver mit der Buttermilch an und gibt die Masse in die kochende Milch. Alles noch einmal aufkochen lassen!

Man kann die Suppe mit Rosinen oder getrocknetem Obst anreichern. In manchen Gegenden des Bergischen war es üblich, gewürfeltes Schwarzbrot zu rösten und kurz vor dem Anrichten in die Suppe zu rühren. Die Suppe eignet sich sowohl als Nachtisch als auch als kleines Abendgericht.

Buttermilchbohnensuppe

500 g Kartoffeln
1 l Buttermilch
1 Teelöffel Mehl
300–400 g grüne Bohnen
Salz, Pfeffer
50 g Fett
1 große Zwiebel

Die Kartoffeln werden geschält, gewaschen und in Salzwasser gar gekocht. Nach dem Abgießen stampft man die Kartoffeln und schlägt die Buttermilch darunter, läßt die Masse aufkochen und streut das Mehl über die Kartoffeln. Die gargekochten grünen Bohnen gibt man dazu und schmeckt mit Salz und Pfeffer ab.

Erbsensuppe (1)

250 g Erbsen
1 Bund Suppengrün   500 g Kartoffeln
2 l Wasser   100 g Speck
1 Zwiebel   1 Eßlöffel Salz

Die Erbsen werden am Abend vorher verlesen, gewaschen und eingeweicht. Am anderen Morgen setzt man sie zeitig mit dem Einweichwasser auf und läßt sie garkochen. Von Zeit zu Zeit gibt man etwas kochendes Wasser hinzu. Wenn sich die Schalen von den Erbsen lösen, nimmt man sie vorsichtig mit dem Schaumlöffel ab. Danach gibt man Suppengrün und die geschälten, gewaschenen und in Würfel geschnittenen Kartoffeln hinein. Der Speck wird gewürfelt und in einer Pfanne ausgelassen. Darin röstet man die feingeschnittene Zwiebel und gibt beides in die Suppe. Zuletzt schmeckt man mit Salz ab.

Erbsensuppe (2)

250 g Erbsen   2 l Wasser
50 g Fett   Salz, Majoran
1 Bund Suppengrün   20 g Mehl

Die Erbsen werden am Tag vorher verlesen, gewaschen und in Wasser eingeweicht. Sie werden mit dem Einweichwasser aufgesetzt und mit Suppengrün und Gewürzen weichgekocht (2–3 Stunden). Dann streicht man die Erbsen durch ein Sieb. Zuletzt gibt man das Fett dazu und schmeckt ab. Als Einlage eignen sich in Butter geröstete Brötchenstücke.

Linsensuppe

250 g geräucherter Speck
250 g Linsen
6—7 Kartoffeln (mittelgroß)
2–3 Möhren
etwa 2 l Wasser
Suppengrün
2 Eßlöffel Mehl
1 Eßlöffel Butter
1–2 Zwiebeln
Salz, Pfeffer
Essig nach Geschmack
eventuell: 1 Mettwurst

Die Linsen werden eingeweicht und eine Nacht stehengelassen. Am nächsten Morgen setzt man sie mit dem Einweichwasser auf und gibt den Speck hinzu. Nach etwa einer halben Stunde die geschälten und in Würfel geschnittenen Kartoffeln, das Suppengrün und die geschabten und ebenfalls in Würfel geschnittenen Möhren zugeben. Je nach Geschmack kocht man nun auch die Mettwurst mit. In der Zwischenzeit in dem Fett Mehl und kleingeschnittene Zwiebel bräunen, mit etwas Brühe ablöschen und alles zu den Linsen geben. Noch etwa weitere 10 Minuten kochen. Mit Salz, Pfeffer und Essig abschmecken.

Gemüsesuppe

750 g Erbsen, Möhren, Bohnen usw.
80–100 g Fett
2–3 l Wasser
400–500 g Kartoffeln
Salz
Brühwürfel
Petersilie

Das Gemüse wird gewaschen, kleinge-schnitten und in das heiße Fett gegeben. Dann füllt man mit Wasser auf und gibt die gewürfelten Kartoffeln dazu. Man schmeckt mit Salz und Suppenwürze ab und streut vor dem Servieren Petersilie über die Ge-müsesuppe.
Früher aß man zu den Eintopfgerichten häu-fig eine Schwarzbrotscheibe mit Butter be-strichen.

Grießmehlsuppe

1 l Milch
3–4 Eßlöffel Grießmehl
1 Prise Salz
2 Eigelb
2 Eischnee

Die Milch wird zum Kochen gebracht. Dann gibt man das Grießmehl und eine Prise Salz zu. Wenn die Suppe bündig geworden ist, verrührt man das Eigelb mit etwas Suppe und gibt es dazu. Der Eischnee wird zu stei-fem Schnee geschlagen und unter die Suppe gerührt.

Hafermehlsuppe

90 g Hafermehl
40 g Fett
Suppengemüse (Porree, Blumenkohl, Zwiebeln)
1 1/2 l Wasser   Salz

Das Suppengemüse wird gewaschen und kleingeschnitten und in dem Fett ange-schmort. Dann füllt man mit Wasser auf und läßt alles etwa eine halbe Stunde kochen, streicht die Suppe durch ein Sieb und gibt das mit kaltem Wasser angerührte Hafer-mehl unter Rühren dazu.

Hühnersuppe

1 ganzes ausgenommenes Huhn
Salz
2–3 l Wasser   1/4 Sellerieknolle
1 Stange Porree   1 Tasse Reis

Das Huhn wird in kaltem Wasser aufgesetzt. (Da man das Huhn früher meist als Haupt-speise zu Salzkartoffeln und Salat oder Rote Beete verspeiste, wurde es früher meist in kochendes Wasser gegeben. Die Suppe wird schmackhafter, wenn es kalt aufgesetzt wird.) Nach einer Stunde Kochzeit gibt man Porree und Sellerie in kleinen Stücken dazu. Die Suppe wird gekocht, bis sich das Fleisch von den Knochen löst. Nachdem man das Huhn aus der Suppe genommen hat, gibt man den Reis in die Suppe und läßt ihn garen. Das kleingeschnittene Hühnerfleisch gibt man kurz vor dem Servieren in die fertig abgeschmeckte Suppe.

Kartoffelsuppe (1) mit Fleischbällchen

40 g Fett
40 g Mehl
Suppengrün
1 Zwiebel
2 l Wasser
1 Eßlöffel Salz
1000 g Kartoffeln

Für die Fleischbällchen:
250 g Gehacktes
1 Ei
1 Brötchen
1 Teelöffel Salz
1 Zwiebel

Aus Fett und Mehl bereitet man eine Mehlschwitze und gibt dann Wasser und Salz dazu. Wenn das Wasser kocht, kommt das gewaschene und geschnittene Suppengrün und die geschälten, gewaschenen und in Würfel geschnittenen Kartoffeln dazu. Alles zusammen läßt man garen.
In der Zwischenzeit wird das Ei mit Salz verrührt, das eingeweichte Brötchen, das Fleisch und die feingehackte Zwiebel dazugegeben, vermischt und mit Salz abgeschmeckt. Aus dieser Masse formt man kleine Bällchen und gibt sie eine Viertelstunde vor dem Essen in die Suppe. Sobald die Bällchen oben schwimmen, sind sie gar. Kochzeit: 1 1/2 Stunde.

Kartoffelsuppe (2)

500 g Rindfleisch
500 g Kartoffeln
Salz
Suppengrün
Petersilie

Das gewaschene Rindfleisch wird mit Wasser, Salz und Suppengrün aufgesetzt. Ziehen lassen! Man kann das Rindfleisch vorher auch kurz anbraten und dann die Flüssigkeit, Salz und Suppengrün darübergießen. Die geschälten, gewaschenen und in Würfel geschnittenen Kartoffeln werden in die kochende Brühe gegeben. Alles zusammen läßt man etwa noch eine Stunde garen.

Braune Kartoffelsuppe (3)

750 g Kartoffeln
frisches Suppengrün
60 g Fett
20 g Mehl
Salz, Pfeffer
1 1/2 l Wasser oder Brühe
Petersilie

Die geschälten, gewaschenen, trocken getupften und geschnittenen Kartoffeln werden in Fett angebräunt. Dann streut man Mehl darüber, füllt Brühe auf, gibt Gewürze dazu und läßt die Suppe etwa 1 1/2 Stunden kochen. Zuletzt gibt man die Suppe durch ein feines Sieb. Man kann die Suppe durch angeröstete Semmelstücke verfeinern.

Kindbettsuppe

1 Eßlöffel Butter
1 Ei
1 1/2 Zwiebäcke oder 1/2 Brezel
1 Eßlöffel Zucker
1/4 l Wasser oder Milch

Die Butter wird mit dem Ei geschlagen. Dann gibt man den Zucker und die Prise Salz dazu. Die kochende Flüssigkeit auffüllen! Zuletzt bricht man den Zwieback oder die Brezel in die Suppe.
Die Suppe bekamen Wöchnerinnen und Kranke zur Stärkung.

Milchsuppe

1 l Milch
30–40 g Kartoffelmehl
Vanillezucker
40 g Zucker
etwas Salz
1 Stich Butter

Das Kartoffelmehl wird mit etwa einer Tasse Milch angerührt. Den Rest der Milch erhitzt man und fügt dann das angerührte Kartoffelmehl zu. Einige Male aufkochen lassen! Dann gibt man den Vanillezucker dazu und schmeckt mit Zucker, Salz und Butter ab.

Kirschsuppe

500 g Kirschen
2 Scheiben Schwarzbrot
Butter
1 l Milch
3 Eßlöffel Zucker
2 Eßlöffel Kartoffelmehl oder
Vanillepuddingpulver
1 Prise Salz
Wasser

Die Kirschen werden gewaschen, entsteint und mit wenig Flüssigkeit gargekocht. Das Schwarzbrot wird kleingerieben und in der Pfanne in guter Butter geröstet. Dann bringt man die Milch zum Kochen, gibt eine Prise Salz und Zucker hinzu und dickt die Flüssigkeit mit Kartoffelmehl oder Vanillepuddingpulver an. Zuletzt fügt man die Kirschen und das Schwarzbrot zu.

Möhrensuppe

500 g Suppenfleisch
250 g Möhren
1 l Wasser
3–4 Kartoffeln
Suppengrün
Salz, Petersilie

Wasser und Suppenfleisch werden mit Suppengrün und Salz zum Kochen aufgesetzt. Nach etwa einer Stunde Kochzeit gibt man die geschabten und in Streifen geschnittenen Möhren und die in Würfel geschnittenen Kartoffeln dazu und läßt alles eine weitere halbe bis dreiviertel Stunde kochen. Zuletzt schmeckt man ab und gibt vor dem Servieren gehackte Petersilie über die Suppe.

Reissuppe

1 l Milch
1 Tasse Reis
1 Eßlöffel Vanillepuddingpulver

Milch wird zum Kochen gebracht. In der kochenden Milch läßt man den Reis etwa 30 Minuten quellen. Wenn der Reis fast gar ist, gibt man der Suppe das mit etwas Milch angerührte Vanillepuddingpulver zu.

Rindfleischsuppe

500 g Fleisch
500 g Suppenknochen
2 l Wasser
1 Eßlöffel Salz
Suppengrün
50 g Nudeln

Die gewaschenen Knochen und das Fleisch werden mit kaltem Wasser aufgesetzt. Salz zugeben! Die Suppe muß bei geschlossenem Deckel langsam kochen. Eine Stunde vor dem Essen gibt man das geputzte Suppengrün und die Nudeln in die Brühe.
Kochzeit: 1 1/2 Stunde.
Als Suppeneinlagen sind Markklöße oder Eierstich zu empfehlen.

Markklöße:
1 Markknochen
1 eingeweichtes Brötchen
1 Ei
Salz, Pfeffer, Petersilie, Muskat

Das Mark eines Markknochens wird auf kleiner Flamme flüssig gemacht und dann mit einem eingeweichten, gut ausgedrückten Brötchen, einem Ei, Salz, Pfeffer, Muskat und gehackter Petersilie verrührt. Aus der Masse werden kleine Klößchen geformt, die in der Suppe 3–5 Minuten garen müssen.

Eierstich:
2 Eier   ca. 1/4 l Milch
1 Eigelb   Salz

2 Eier und ein Eigelb werden mit ebensoviel Milch und etwas Salz verquirlt und dann in einem Gefäß, das mit einem Deckel verschlossen wird, in kochendes Wasser gestellt und eine halbe Stunde gestockt.

Schnibbelbohnensuppe (1)

500 g Bohnen
1 1/2 l Wasser
1 Zwiebel
4–5 dicke Kartoffeln
1 Topf Sahne
Bohnenkraut, Majoran, Salz, Pfeffer

Die Bohnen werden abgefädelt und in dünne, schräge Stücke geschnitten (geschnibbelt). Dann setzt man die Bohnen mit dem Wasser, der Zwiebel und dem Bohnenkraut zum Kochen auf. Nach etwa 20 Minuten gibt man die geschälten, gewaschenen und in Würfel geschnittenen Kartoffeln dazu und läßt alles auf kleiner Flamme garen. Man schmeckt mit Majoran, Salz und Pfeffer ab und verfeinert die Suppe zuletzt mit der Sahne.

Schnibbelbohnensuppe (2)

375 g Suppenfleisch
alle anderen Zutaten wie (1)

Mit den Bohnen wird auch das Suppenfleisch aufgesetzt. Die Zubereitung ist im übrigen wie (1).

Waldbeersuppe

500 g Waldbeeren
1–2 Tassen Milch oder Wasser
Zucker nach Geschmack
2 Scheiben Schwarzbrot

Die verlesenen und gewaschenen Waldbeeren setzt man mit dem Zucker und der Flüssigkeit zum Kochen auf. Sind die Waldbeeren zu Kompott gekocht, zieht man das geriebene Schwarzbrot unter.
Je nach Geschmack kann man noch geröstetes Schwarzbrot über die servierfertige Suppe streuen.
Statt des Schwarzbrotes kann man auch einen Zwieback in den Teller legen und die heiße Suppe darüberschütten.

Weinsuppe

3/4 l Wasser	*3/4 l Weißwein*
Zimt nach Geschmack	*Zucker nach Geschmack*
40 g Kartoffelmehl	*2 Eigelb*

Das Wasser wird mit Zimt zum Kochen gebracht. Mit etwas Wasser rührt man das Kartoffelmehl glatt und gibt es in die kochende Flüssigkeit. Dann fügt man Weißwein und Zucker zu. Zuletzt, etwa nach einer Kochzeit von einer Viertelstunde, legiert man die Suppe mit zwei Eigelb. Je nach Geschmack kann man vor dem Servieren einen Zwieback in den Teller geben.

Kröse

200 g Pellkartoffeln
200 g gekochte Möhren
200 g gekochter Bauchspeck, Niere, Herz, Lunge, Leber   Nelken, Pfeffer, Salz
1 l Brühe   1/4–1/2 Tasse Blut

Die gegarten Pellkartoffeln, Möhren und das Fleisch werden durch den Fleischwolf gedreht oder in der Küchenmaschine zerkleinert und mit der Brühe, den Gewürzen und dem Blut bis zum Kochen gebracht. Danach füllt man die Speise in einen Topf und läßt sie eine Zeit stehen. Bei Bedarf schneidet man etwas von der „Kröse" ab und brät die Scheiben in der Pfanne auf. Die Masse zerläuft beim Braten wieder. Dieses Gericht wurde vor allem nach dem Schlachten in den Bauernhäusern gekocht. Dazu reichte man Bratkartoffeln.

Möhreneintopf

500–750 g Schweinefleisch oder Hammelfleisch
1000 g Möhren
500 g Kartoffeln
2 Zwiebeln   Salz, Pfeffer
60 g Fett   1 Prise Zucker
1/2 l Fleischbrühe 1 Teelöffel Essig

Das Fett wird im Topf zerlassen, die geschnittene Zwiebel angedünstet und das
Fleisch darin angebraten. Dann gießt man
mit Wasser auf und läßt das Fleisch etwa
eine Stunde garen. Möglicherweise Wasser
nachschütten! Dann füllt man die geschälten, gewaschenen und in kleine Streifen geschnittenen Möhren in den Topf. Wenn die
Möhren halbgar sind, gibt man die geschälten, gewaschenen und in Würfel geschnittenen Kartoffeln hinzu. Mit Salz, Zucker,
Essig und Pfeffer abschmecken!

Reisgemüse

200 g Reis
30 g Rinderfett
1 große Zwiebel
1/2 l Fleischbrühe
Salz

Das Fett wird zerlassen und die geschnittene
Zwiebel hellgelb geröstet. Die Fleischbrühe
zugeben und dann den gut gewaschenen
Reis hineingeben und ausquellen lassen. Mit
Salz abschmecken. „Riesgemös" ist eine
empfehlenswerte Beilage zu verschiedenen
Fleischgerichten.

Rübstieleintopf

500 g geräucherter Speck oder Suppenfleisch
1000 g Rübstiel
750 g Kartoffeln
Salz, Pfeffer, Muskat
1 Tasse Milch oder Sahne

Der geräucherte Speck wird etwa eine Stunde gekocht. Dann gibt man die geschälten
und gewaschenen Kartoffeln in die Brühe
und legt das vorher entfernte Fleisch und
den vorbereiteten Rübstiel (siehe Rübstiel
S. 39) oben auf die Kartoffeln und läßt alles
zusammen garen. Wenn alle Zutaten gar
sind, stampft man Kartoffeln und Rübstiel
untereinander und gibt eine Tasse Milch
oder Sahne unter den Eintopf. Zuletzt mit
Salz, Pfeffer und Muskat abschmecken.

Wirsingeintopf

1000 g Wirsing
500 g Hackfleisch   2 Eier
Salz, Pfeffer   1 Weißbrotscheibe
2 Zwiebeln   1 Eßlöffel Fett

Das Hackfleisch wird mit den Gewürzen
gemischt und eine eingeweichte und ausge-
drückte Weißbrotscheibe und die Eier werden zugefügt.
Den gewaschenen Wirsing zerteilt man in
grobe Blätter. In einem großen Topf zerläßt
man einen Eßlöffel Fett und schichtet in
dem Topf den Wirsing im Wechsel mit dem
Hackfleisch. Bei kleiner Flamme wird der
Eintopf etwa 90 Minuten gegart. Möglichst
nicht umrühren!

Weißkohleintopf

1 Kopf Weißkohl
500–750 g Rindfleisch oder Hammelfleisch
750 g Kartoffeln
2 Zwiebeln
40 g Fett
1/2 Teelöffel Kümmel
Salz, Pfeffer

Der Weißkohl wird gesäubert, die schadhaften Blätter entfernt, der harte untere Teil herausgeschnitten und der verbleibende Teil gewaschen und in Streifen geschnitten. Das Fleisch ebenfalls waschen und in Würfel schneiden. Die Kartoffeln schälen, waschen und in Würfel schneiden.
Das Fett in einem Topf zerlassen, die geschnittene Zwiebel andünsten und dann schichtweise Kartoffeln, Fleisch und Gemüse in den Topf geben. Jeder Schicht fügt man etwas der Gewürze bei. Flüssigkeit zugeben und zunächst bei geöffnetem Topf kochen lassen. Topf verschließen und auf kleiner Flamme etwa anderthalb Stunde garen lassen.

Das Fett wird in der Pfanne zerlassen, die in Würfel geschnittenen Zwiebel darin gebräunt und in die Suppe gegeben.
Reichhaltiger ist die Suppe, wenn man statt der gebräunten Zwiebel 300 g Mettwurst und 1–2 große Zwiebeln in der Pfanne anbräunt und in die Suppe gibt.

Fleischgerichte

Blutwurst-Taler

500 g Blutwurst
60 g Speck
7–8 Zwiebeln

Die Blutwurst wird in dicke Scheiben geschnitten. Der gewürfelte Speck wird in der Pfanne ausgelassen, die Blutwurst und die Zwiebelringe dazugegeben. Wenn die Blutwurst auf beiden Seiten braun gebraten ist, kann man sie zu „Himmel und Erde" servieren.

Panhas

1 1/8 l Wurstbrühe
250 g Buchweizenmehl
gemahlene Nelken
Majoran
Salz, Pfeffer

Alle Zutaten werden zusammen zu einem dicken Brei gekocht, den man dann in einer Schüssel erkalten läßt, die vorher mit kaltem Wasser ausgespült wurde. Der Panhas wird gestürzt und in 1–2 cm dicke Scheiben geschnitten, die in heißem Fett in der Pfanne knusprig braun gebraten werden.
Als Beilage eignen sich Schwarzbrot und Apfelkraut, Apfelkompott, Kartoffelsalat oder Bratkartoffeln.

Frische Bratwurst

250 g frische Bratwurst
20 g Fett
1 Eßlöffel Mehl
1 kleine Zwiebel
1/4 l Wasser
1 Prise Salz und Pfeffer

Die Bratwurst wird abgewaschen und einen Augenblick in frisches Wasser gelegt. Dann reibt man sie ab, legt sie in das mäßig heiße Fett und brät sie. Wenn die Bratwurst auf beiden Seiten braun ist, richtet man sie auf einer vorgewärmten Schüssel an. Die zerkleinerte Zwiebel und das Mehl werden in dem Bratfett angebräunt. Dann gibt man etwas Wasser dazu und schmeckt mit Salz und Pfeffer ab.

Lammbraten

500 g Lammfleisch
Salz, Pfeffer
1/4 l saure Sahne
20 g Mehl
1 Zwiebel
60 g Fett

Das Lammfleisch salzen und pfeffern und von beiden Seiten in heißem Fett anbraten. Nach Belieben eine halbierte Zwiebel mit in den Bratentopf geben. Nach einer Weile Flüssigkeit zugießen und den Braten garen lassen. Wenn der Braten gar ist, bindet man die Soße mit Mehl und schmeckt mit Salz und Pfeffer ab. Zuletzt verfeinert man die Soße mit saurer Sahne.

Kaninchenbraten (1)

1 Kaninchen
100 g Speck
60 g Margarine
60 g Mehl

Für den Essigsud:
1/4 l Kräuteressig
1/8 l Wasser
8–10 Gewürzkörner
3 Nelken
1 große Zwiebel

Die Zutaten für den Essigsud werden zusammen aufgekocht, und dann läßt man den Essigsud erkalten. Das zum Braten vorbereitete Kaninchen wird in handliche Stücke geteilt, die man in einen Steintopf legt. Den erkalteten Essigsud schüttet man über die Fleischstücke und läßt diese zwei bis drei Tage im Essigsud liegen.

Nach dieser Zeit legt man den Boden eines Bratentopfes mit Speckscheiben aus und gibt etwas Margarine dazu. Das abgetrocknete Fleisch gibt man in den Topf und brät es von allen Seiten an. Vorübergehend nimmt man das angebratene Fleisch aus dem Topf und hält es im Backofen warm. In dem Bratenfett wird Mehl hellbraun geröstet und mit etwas Essigbrühe abgelöscht.

Nach dem Aufkochen gibt man die angebratenen Fleischstücke in die Soße und läßt sie 1 1/2 Stunden in dem Topf langsam schmoren.

Dazu reicht man Kartoffelklöße und Apfelkompott.

Kaninchenbraten (2)

1 Kaninchen
Wasser nach Bedarf
Salz
60 g Fett
60 g Mehl
1/4 l saure Sahne

Von dem zum Braten vorbereiteten Kaninchen wird der Kopf abgetrennt. Dann salzt man von allen Seiten und brät in heißem Fett an. Mit etwas Wasser schmort man das Kaninchen (geschlossener Topf) etwa 1 1/2 Stunden. Möglicherweise gießt man während der Zeit einmal etwas Wasser nach. Die Soße wird mit Mehl gebunden und mit saurer Sahne, Salz und Pfeffer abgeschmeckt.

Schweinebraten

500 g Schweinefleisch
2 Eßlöffel Schweineschmalz
Salz, Pfeffer
Wasser nach Bedarf
1 gehäufter Eßlöffel Mehl
1/4 l saure Sahne

Das Schweinefleisch wird gewaschen und angetrocknet. Danach salzt und pfeffert man von allen Seiten und gibt das Fleisch dann zum Anbraten in das heiße Schweineschmalz. Nach dem Anbraten gibt man soviel Wasser zu, daß der Boden fingerhoch bedeckt ist. Etwa eine Stunde läßt man das Fleisch schmoren, nimmt es dann aus dem Topf und bindet die Soße mit Mehl und schmeckt sie mit Salz, Pfeffer und saurer Sahne ab.

Schweinerippchen

500 g Schweinerippchen
Salz, Pfeffer
2 Eßlöffel Schweineschmalz
Wasser nach Bedarf
1 gehäufter Eßlöffel Mehl

Die Schweinerippchen werden gewaschen und getrocknet. Dann salzt und pfeffert man von allen Seiten und gibt das Fleisch in heißes Schweineschmalz. Nach dem Anbraten schüttet man soviel Wasser in den Topf, daß der Boden fingerhoch bedeckt ist. Dann läßt man das Fleisch etwas schmoren, nimmt es aus dem Topf, bindet die Soße mit Mehl und schmeckt mit Salz und Pfeffer ab.

Sauerbraten

1250 g Schweinenacken
3 Teelöffel Salz
1 Eßlöffel Mehl
2 Eßlöffel Fett
200 g durchwachsener Speck
Salz, Pfeffer
1 Prise Zucker

Für die Marinade:

1/4 l Essig
1/4 l Wasser
2–3 Zwiebeln
2 Lorbeerblätter
Nelken
Pfefferkörner, Gewürzkörner, Senfkörner

Für die Marinade kocht man die Zutaten auf und läßt die Flüssigkeit dann erkalten. Dann gibt man sie über das Fleisch und läßt das Fleisch mindestens 24 Stunden darin liegen, möglichst etwas länger.
Der Speck wird im Bratentopf ausgelassen, bevor man das abgetropfte, gesalzene und gepfefferte Bratenstück zum Anbraten hineingibt.
Dann füllt man mit der gesiebten und mit Wasser verdünnten Beize auf und läßt den Braten gar schmoren. Eventuell mit Wasser oder gesiebter Brühe auffüllen.
Die Soße wird mit Mehl gebunden und mit Zucker, Salz und Pfeffer abgeschmeckt. Die Soße kann auch mit Sahne verfeinert werden.

Soßen

Heringsstipp

Dieses Soßenrezept finden sie in dem Rezeptteil „Kartoffel- und Pfannengerichte" unter der Rezeptbezeichnung: Pellkartoffeln mit Heringsstipp.

Dickmilchsoße

1/2 l Dickmilch
1 Zwiebel
Kräuter

Die Dickmilch wird mit der kleingeschnittenen Zwiebel und den ebenfalls kleingeschnittenen Kräutern vermischt.

Saure Rahmsoße

1/2 l saure Sahne
1 dicke Zwiebel
Salz

Die kleingeschnittene Zwiebel wird mit dem Salz unter die saure Sahne gerührt. Früher wurde statt saurer Sahne der Milchrahm verwandt.

Schnittlauchsoße (1)

1 Bund Schnittlauch
Salz
1/2 l saure Sahne

Der kleingeschnittene Schnittlauch wird mit dem Salz unter die saure Sahne gerührt. Die Soße ißt man zu Eiern, Pellkartoffeln oder Salzkartoffeln.

Schnittlauchsoße (2)

30 g Margarine
40 g Mehl   *1 Bund Schnittlauch*
1/2 l Milch   *Salz nach Geschmack*

Man bereitet eine helle Mehlschwitze, verrührt damit den kleingeschnittenen Schnittlauch und schmeckt mit Salz ab. Die warm servierte Soße kann zu Eiergerichten und Fischgerichten gereicht werden.

Specksoße

125 g Speckwürfel
2 Zwiebeln   *1/2 l Wasser*
3 Eßlöffel Mehl *Salz, Pfeffer*

Die Speckwürfel werden in der Pfanne ausgelassen, die feingeschnittenen Zwiebeln und das Mehl darin gebräunt. Mit Wasser ablöschen. Zuletzt schmeckt man die Soße mit Salz und Pfeffer ab.

Zwiebelsoße (1)

50 g durchwachsener Speck oder Margarine
500 g Zwiebeln
1 Mettwurst
2 Eßlöffel Mehl
1/2 l Milch

Der durchwachsene Speck wird in der Pfanne ausgelassen oder die Margarine zerlassen. Die Mettwurst gibt man in Scheiben in das heiße Fett. Darin werden die in Scheiben geschnittenen Zwiebeln glasig gedünstet. 1/4 l Milch über die Zwiebeln geben. Mit dem Rest der Milch rührt man das Mehl an, um damit die Zwiebelsoße anzudicken.

Statt Milch kann man auch Wasser verwenden. Dann wird die Soße am Ende mit süßer Sahne verfeinert.

Zwiebelsoße reicht man zu Kartoffelklößen und grünem Salat.

Zwiebelsoße (2)

100 g fetter Speck
3 dicke Zwiebeln
Wasser nach Bedarf
Pfeffer
Salz
1 Eßlöffel Mehl
1 Teelöffel Kartoffelmehl

Der Speck wird gewürfelt und in der Pfanne ausgelassen. In diesem Fett bräunt man die in Scheiben geschnittenen Zwiebeln an.

Dann gibt man etwas Wasser dazu und läßt es verkochen. Diesen Kochvorgang etwa auf eine halbe Stunde ausdehnen. Dann Salz und Pfeffer zugeben. Mehl und Kartoffelmehl werden mit Wasser verrührt und die Soße wird damit gebunden. Das ganze Gericht bestand aus Salzkartoffeln, gelegentlich Suppenfleisch, Rote Beete und dieser Zwiebelsoße.

Zwiebelsoße (3)

40–50 g Speck
3 dicke Zwiebeln
1 Eßlöffel Mehl
Wasser oder Milch
Salz, Lorbeerblatt, Pfeffer

Der gewürfelte Speck wird in der Pfanne ausgelassen, und darin wird das Mehl und die in Scheiben geschnittenen Zwiebeln angebräunt. Dann löscht man mit Wasser oder Milch ab und gibt Salz und Lorbeerblatt zu. Das Ganze läßt man etwa eine Viertelstunde auf kleiner Flamme kochen. Dann entfernt man das Lorbeerblatt und dickt möglicherweise mit etwas Mehl an.

GEMÜSE

Sauerkraut mit weißen Böhnchen

125 g weiße Bohnen
250 g durchwachsener Speck
500 g Sauerkraut
1 Lorbeerblatt
Pfeffer
1 große gekochte Kartoffel

Die Bohnen werden eingeweicht und dann in der Einweichbrühe gekocht. In der Zwischenzeit setzt man das Sauerkraut mit dem Speck und Lorbeerblatt auf und gibt die Böhnchen hinzu, wenn Sauerkraut und Speck dreiviertel gar sind. Alles zusammen läßt man garen. Zuletzt gibt man die geriebene und gekochte Kartoffel in das Gericht und schmeckt ab.

Sauerkraut und Schweinefleisch

500 g Sauerkraut
1 Zwiebel
50 g Fett
Wasser nach Bedarf
250 g Schweinefleisch
1 Kartoffel
1 Eßlöffel Salz

Das Sauerkraut wird mit warmem Wasser übergossen und mit einer Gabel gelockert. Dann läßt man das Fett in einem Topf heiß werden, schmort die geschnittene Zwiebel und gibt dann das Sauerkraut in den Topf. Man gießt soviel Wasser darüber, daß das Kraut knapp bedeckt ist. Bei zugedecktem Topf läßt man das Sauerkraut langsam schmoren und gibt nach einer halben Stunde das Fleisch dazu. Um das Sauerkraut schön bündig zu machen, reibt man die rohe Kartoffel und gibt sie dazu. Zuletzt schmeckt man mit Salz und Pfeffer ab.

Der Geschmack des Schweinefleisches wird intensiver, wenn man das Fleisch vorher anbrät und dann das Sauerkraut darübergibt. Ansonsten ist die Zubereitung wie beschrieben.

Jägerkohl – bergisch

150 g durchwachsener Speck oder
200 g Bratwurst
750 g Weißkohl
Salz, Pfeffer, Zucker, Lorbeerblatt
Nelken, Essig
Wasser nach Bedarf
1 Zwiebel
750 g Kartoffeln

Speck oder Bratwurst werden in einem Topf ausgelassen. Den feingeschnittenen Weißkohl dazugeben und mit den Gewürzen und etwas Wasser dünsten. Die Kartoffeln werden geschält, in Scheiben geschnitten, aufgeschichtet und mitgegart.
Anstelle von Bratwurst oder Speck können auch Hackbällchen aufgelegt und mitgegart werden. Dann muß man 50 g Fett zusätzlich dazugeben.

Rübstiel

1000–1500 g Rübstiel	1 Zwiebel
1 Eßlöffel Fett	1/4 l Milch
1 Eßlöffel Mehl	Salz, Pfeffer, Muskat

Die Blätter des Rübstiels werden abgestreift, die Stengel gewaschen und in kleine Stücke geschnitten und abgekocht. Dann zerläßt man das Fett, bräunt eine kleingeschnittene Zwiebel und einen Eßlöffel Mehl darin und löscht mit der Milch ab. Die Mehlschwitze mit Salz, Pfeffer und Muskat abschmecken und den abgekochten Rübstiel zugeben.

Grüne Bohnen

250 g Speck	20 g Fett
1000 g Bohnen	10 g Mehl
40 g Fett	
3/4 l Brühe	
Bohnenkraut, Pfeffer, Salz, Petersilie	

Die Bohnen werden gesäubert, in schräge kleine Stücke geschnitten (geschnibbelt) und mit kochendem Wasser überbrüht.
In dem Fett dünstet man das Gemüse an, schüttet dann die Brühe darüber, fügt Pfeffer und Salz zu und läßt alles 1–2 Stunden kochen. Dann bereitet man aus Mehl, Fett und Abkochwasser eine helle Mehlschwitze, gibt die Bohnen hinein, schmeckt mit Salz, Pfeffer und Bohnenkraut ab und streut etwas Petersilie darüber.

Dicke Bohnen und Speck

250–500 g Speck	60 g Fett
1000 g Bohnenkerne	20 g Mehl
Abkochwasser	Salz, Bohnenkraut

Der Speck wird in etwa 1 Liter Wasser ungefähr 1 3/4 Stunden gekocht. Nach einer Stunde Kochzeit gibt man die Bohnenkerne, eine feingeschnittene Zwiebel und etwas Petersilie hinzu. Dann bereitet man eine Mehlschwitze aus Fett, Mehl und dem Abkochwasser und gibt den kleingeschnittenen Speck und die Bohnenkerne hinein. Zuletzt wird mit Salz und Bohnenkraut abgeschmeckt.

Butterkohl

1000–1500 g Butterkohl
1 Eßlöffel Fett
1 Eßlöffel Mehl
1 Zwiebel
1/4 l Milch
Salz, Pfeffer
3 Eßlöffel saure Sahne

Der Butterkohl wird zerteilt, gewaschen, abgekocht und kleingehackt. Dann zerläßt man das Fett, bräunt darin die in kleine Würfel geschnittene Zwiebel und das Fett und löscht mit der Milch ab. Die Mehlschwitze mit Salz und Pfeffer abschmecken. Butterkohl in die Mehlschwitze geben und nochmal kurz aufkochen. Man kann den Kohl verfeinern, indem man noch etwas saure Sahne unterrührt.

Grünkohl mit geräucherter Bratwurst

1500 g Grünkohl
100 g Speck
Wasser zum Abkochen
1 Teelöffel Salz
2 Zwiebeln
3–4 Nelken
2 Prisen Nelkenpfeffer

Der Grünkohl wird von den dicken Stielen befreit und in etwas Salzwasser abgekocht. Danach schneidet man den Grünkohl in Streifen, läßt den gewürfelten Speck in einem Topf aus und verteilt den Grünkohl darüber. Dann gibt man die geschnittenen Zwiebeln und etwas Wasser dazu und läßt alles etwa eine Stunde kochen. Man fügt Nelken und Nelkenpfeffer hinzu, salzt nach Geschmack und kocht eine weitere halbe Stunde grobe geräucherte Mettwurst mit. Den mit etwas Mehl angerührten gebundenen Grünkohl reicht man zu Bratkartoffeln.

Kartoffel- und Pfannengerichte

Arme Ritter

12 Zwiebäcke   2 Eiweiß
2 Eigelb   Paniermehl
1 Prise Salz   Fett
20 g Zucker   Zucker nach Geschmack
1/2 l Milch
1 Eßlöffel Zitronenzucker

Eigelb, Salz, Zucker, Zitronenzucker und Milch werden gut verrührt und über die Zwiebäcke gegossen. Jetzt läßt man die Zwiebäcke etwa eine Viertelstunde einweichen. Dann paniert man die Zwiebäcke mit Eiweiß und Paniermehl und läßt sie danach im heißen Fett von beiden Seiten schön braun backen. Anschließend werden die „Arme Ritter" mit Zucker bestreut.

Hafermehlrötsch

125 g Speck
500 g Hafermehl
1 Prise Salz
etwas Zucker
2–3 Eier
3/8 l Flüssigkeit (halb Wasser/halb Milch)

Der Speck wird fein gewürfelt und in der Pfanne ausgelassen. Die Eier schlägt man mit Salz und Zucker und gibt dann nach und nach wechselweise Mehl und Flüssigkeit zu. Dieser Pfannekuchenteig wird über den ausgelassenen Speck gegeben und alles zu einem Kuchen gebacken.

Rötsch

250 g Buchweizenmehl
1 Teelöffel Salz
1/4 l heißen Kaffee
1/4 l Wasser
2 Eier   2 große Zwiebeln
125 g Speck   Fett

Buchweizenmehl, Salz und Kaffee rührt man an und läßt die Masse quellen. Dann gibt man Wasser und Eier dazu und rührt alles zu einem glatten Teig.

Der Speck wird in dünne Scheiben geschnitten und in der Pfanne leicht angeröstet. Den Teig portionsweise darübergeben und Zwiebelscheiben in den Teig drücken. Von beiden Seiten backen! Einzeln auf Tellern servieren! Rötsch wird mit Salat oder Apfelkraut gereicht.

Buchweizenpfannekuchen

2 Tassen Buchweizenmehl
3 Tassen heißes Wasser oder Buttermilch
1 Tasse saure Sahne oder
geriebene, kalte, gekochte Kartoffeln
Salz nach Geschmack
Fett

Buchweizenmehl und Flüssigkeit werden gut gemischt. Dann rührt man Sahne oder Kartoffeln unter und gibt Salz nach Geschmack zu.
Die Pfannekuchen werden portionsweise in der Pfanne in heißem Fett gebacken.

Buchweizenpüfferchen

250 g Buchweizenmehl
1 1/2 Tassen Wasser
20 g Hefe
2 Eßlöffel Zucker
1 Prise Salz
100 g Rosinen
Fett

Das Mehl siebt man in eine Schüssel und gibt in einer Vertiefung in der Mitte den Zucker, die zerbröckelte Hefe und das lauwarme Wasser. Die Hefe gehen lassen! Wenn die Hefemasse das Volumen verdoppelt hat, rührt man alles zu einem glatten Teig, und zuletzt gibt man Salz und die gewaschenen und abgetropften Rosinen dazu. Fett wird in der Pfanne zerlassen, und es werden kleine Plätzchen gebacken. Man gibt die Plätzchen mit Zucker und Zimt bestreut heiß zu Tisch und reicht dazu Apfelkompott.

Himmel und Erde

750 g Kartoffeln
1 Tasse Milch
Butter
500 g Äpfel
3 Zwiebeln
125 g Speck

Die Kartoffeln werden wie Salzkartoffeln gegart, gestampft und mit Milch und Butter glattgerührt. Die Äpfel werden mit Zucker und Flüssigkeit zu Apfelkompott verarbeitet und unter den Kartoffelbrei gerührt. Den gewürfelten Speck auslassen und die in Scheiben geschnittenen Zwiebeln dünsten. Speck und Zwiebeln gibt man über das fertige Gericht, das früher zu gebratener Blutwurst gegessen wurde. Man kann ebenfalls Bratwurst, Leber oder Gulasch dazu reichen.

Kartoffelpfannekuchen

Sparrezept aus dem Krieg.

500–750 g Kartoffeln
1 1/2 Eßlöffel Kartoffelmehl
Salz nach Geschmack
Fett

Die Kartoffeln werden geschält und in kaltes Wasser gerieben. In einem Leinentuch drückt man die Reibemasse aus, fügt Salz und Kartoffelmehl zu und verrührt alles. In einer Pfanne werden die Pfannekuchen in heißem Fett braun gebacken.

Kartoffelklöße

2000 g Kartoffeln
2 Eier
Salz nach Geschmack

Die Kartoffeln werden geschält, gewaschen und gerieben. Die Kartoffelmasse wird in einem Leinentuch gut ausgedrückt. Dann gibt man die Eier in die Masse und schmeckt sie mit Salz ab. Falls der Kartoffelteig zu steif ist, schüttet man etwas heißes Wasser hinzu und formt dann runde Bällchen, die in heißem Salzwasser etwa 30 Minuten gegart werden. Wenn die Kartoffelklöße an die Wasseroberfläche kommen, sind sie fertig. Dieses Rezept kann noch abgewandelt werden, indem man in die Mitte der Kartoffelklöße eine Scheibe Mettwurst oder geröstetes Weißbrot einrollt.

Beilage: Zwiebelsoße (1), grüner Salat.

Kartoffelplätzchen (1)

Dieses Rezept dient der Resteverwertung von gekochten Kartoffeln.

400 g Kartoffelreste
2–3 Eier
Salz
Zucker
eventuell Muskat
2 Eßlöffel Mehl
1 Tasse Milch
1/2 Teelöffel Backpulver
Fett

Zuerst werden die gekochten Kartoffeln gerieben. Das Mehl wird mit der Milch angerührt. Salz, Zucker und eventuell Muskat zugeben. In diese Masse gibt man zuerst die Eier und danach die geriebenen Kartoffeln und das Backpulver. In heißer Butter werden die runden Plätzchen in der Pfanne goldbraun gebacken.

Kartoffelplätzchen (2)

1500 g Kartoffeln
Wasser nach Bedarf
1 Eßlöffel Salz
1/8 l Milch
1/8 l Öl
Fett

Die geschälten und gewaschenen Kartoffeln werden in Salzwasser gar gekocht. Nach dem Abschütten des Salzwassers zerstampft man die Kartoffeln und rührt sie mit der Milch glatt. Von dieser Masse werden kleine runde Kuchen geformt, die in heißem Fett von beiden Seiten braun gebraten werden. Dieses Rezept eignet sich auch zur Verwertung von Kartoffelresten.

Leineweber

1500 g Kartoffeln
Speck
2–3 Eier
2 Eßlöffel Mehl
Milch
Muskat

Gekochte Kartoffeln (Salz- oder Pellkartoffelreste) werden in ganz dünne Scheiben geschnitten. Speckscheiben werden in der Pfanne ausgelassen und die Kartoffelscheiben darin braun gebraten. Eier schlägt man mit der Milch und fügt eine Prise Muskat zu. Der Eierkuchenteig wird über die Kartoffeln gegeben und mit gebacken.

Leineweber können sowohl mit Schwarzbrot und Kraut als auch mit Apfelkompott oder Salat gereicht werden.

Kartoffelpfannekuchen

Sparrezept aus dem Krieg.

500–750 g Kartoffeln
1 1/2 Eßlöffel Kartoffelmehl
Salz nach Geschmack
Fett

Die Kartoffeln werden geschält und in kaltes Wasser gerieben. In einem Leinentuch drückt man die Reibemasse aus, fügt Salz und Kartoffelmehl zu und verrührt alles. In einer Pfanne werden die Pfannekuchen in heißem Fett braun gebacken.

Knudelnbrei

2–3 l Wasser
500 g Kasseler oder Eisbein
1500–2000 g Kartoffeln
2–3 Eier
50 g Speck oder Butter

Das Fleisch wird in der Flüssigkeit fast gar gekocht. In der Zwischenzeit werden die geschälten, rohen Kartoffeln gerieben und in einem Leinentuch ausgedrückt. Die Eier und die Prise Salz gibt man zu der Kartoffelmasse und formt dann taubeneigroße Klöße und gibt sie zu der mit dem Fleisch kochenden Flüssigkeit. In 20–30 Minuten sind sie gar. Das Gericht, welches wie eine Suppe gegessen wird, kann dadurch verfeinert werden, daß der Speck gewürfelt und in der Pfanne ausgelassen, oder die Butter zerlassen und dem Gericht beigegeben wird. Dann kann der Eintopf serviert werden.

Pellkartoffeln mit Rahmsoße

1000 g Kartoffeln
Für die Rahmsoße:

1/4 l saure Sahne	
3 große Zwiebeln	*1 saurer Apfel*
Essig, Salz, Pfeffer	*1 Lorbeerblatt*
3–4 Heringe	*2 Nelken*
1 Gewürzgurke	*2 Wacholderbeeren*

Die Kartoffeln werden als Pellkartoffeln gegart, heiß abgepellt und zu der kalten Soße zu Tisch gegeben.
Für die Soße mischt man Sahne, die in Ringe geschnittenen Zwiebeln und Essig, Pfeffer, Lorbeerblatt, Nelken, Wacholderbeeren und Salz nach Geschmack. Heringe, Gewürzgurke und Apfel werden in kleine Stücke geschnitten und zugegeben.

Frühere Zeiten hatten ihre eigenen Eßgewohnheiten. Die Pellkartoffeln wurden auf die Tischplatte geschüttet. Mit den Unterarmen verhinderten die Esser das Herunterfallen der Kartoffeln. Jeder schälte seine Kartoffeln. Die Pellkartoffel wurde mit der Gabel in der Mitte halbiert und ausgehöhlt. Dann tauchte man sie in die Soßenschüssel, so daß sich die Vertiefung mit „Tipp" füllte.

Pfannenbrei – süß

50 g Butter oder Margarine	
4 Eier	
4 Eßlöffel Mehl	*1 Prise Salz*
1 l Milch	*Zucker nach Geschmack*

Aus Mehl, Eiern und Milch stellt man einen dünnen Pfannekuchenteig her, der mit Salz und Zucker abgeschmeckt wird. In einer Pfanne zerläßt man Butter oder Margarine und gibt dann die Teigmasse in die Pfanne. Bis zum Kochen kräftig rühren! Wenn der Teig Blasen wirft, kann die Platte ausgestellt werden. Auf der Nachhitze soll der Pfannenbrei von unten etwas anbacken.
Früher wurde die Pfanne in die Mitte des Tisches gestellt und jedes Familienmitglied löffelte den Brei mit dem Löffel aus der Pfanne oder bestrich eine Scheibe Schwarzbrot mit dem Pfannenbrei. Es wurde peinlich darauf geachtet, daß keiner den anderen benachteiligte.

In verschiedenen Gegenden heißt der Pfannenbrei Wösche- oder Wischebrei. Das deutet darauf hin, daß man gebrochenes Brot nahm oder auf die Gabel spießte und damit den Pfannenbrei aus der Pfanne „wischte".

Pfannenbrei – salzig

50 g durchwachsener Speck
4 Eier
4 Eßlöffel Mehl
1 l Milch
Salz nach Geschmack
1 Prise Zucker

Aus Mehl, Eiern und Milch stellt man einen dünnen Pfannekuchenteig her, der mit Salz und Zucker abgeschmeckt wird. In einer Pfanne läßt man den gewürfelten Speck aus und gibt dann die Teigmasse in die Pfanne. Die weitere Zubereitung verläuft wie „Pfannenbrei – süß".

Pfannekuchen

Für 4–5 Pfannekuchen:
150 g Mehl
1 Teelöffel Salz
4 Eier
1/4 – 1/2 l Milch
Fett

Das Mehl wird in eine Schüssel gesiebt und nach und nach gibt man Milch und Eier zu und verrührt alles zu einem flüssigen Teig. Mit Salz schmeckt man den Teig ab. In heißem Fett werden die Pfannekuchen in der Pfanne von beiden Seiten gebacken.

Waldbeerpfannekuchen

Zutaten wie „Pfannekuchen" S. 47
50 g Mehl
500 g Waldbeeren
Zucker

Den Pfannekuchenteig stellt man mit der um 50 g vermehrten Mehlmenge wie „Pfannekuchen" her.

Nachdem man die Teigportionen ins heiße Fett in der Pfanne gegeben hat, belegt man mit den verlesenen, gewaschenen und abgetropften Waldbeeren. Beidseitig backen! Mit viel Zucker bestreuen und einzeln auf Tellern servieren.

Apfel- oder Pflaumenpfannekuchen

Für 4–5 Pfannekuchen:
Zutaten wie „Pfannekuchen" S. 47
50 g Mehl
Für den Belag wahlweise:
6 große Äpfel
750 g Pflaumen
Zucker, Zimt
Fett

Den Pfannekuchenteig stellt man mit der um 50 g vermehrten Mehlmenge wie „Pfannekuchen" her. Nachdem man die Teigportionen ins heiße Fett gegeben hat, belegt man den Teig entweder mit den geschälten und geachtelten Äpfeln oder den gewaschenen, entsteinten und halbierten Pflaumen. Die Früchte werden dachziegelartig auf dem Pfannekuchen angeordnet. Den Teig des Apfelpfannekuchens kann man noch mit Zimt verfeinern.

Rhabarberpfannekuchen

Zutaten wie „Pfannekuchen" S. 47
50 g Mehl
500–750 g Rhabarber
Zucker

Den Pfannekuchenteig stellt man mit der erhöhten Mehlmenge wie „Pfannekuchen" her. Der Rhabarber wird gewaschen, in kleine Stücke geschnitten, überbrüht und auf den Pfannekuchen gelegt, nachdem man den Teig in die Pfanne gegeben hat. Wenn der Pfannekuchen fertig ist, Zucker darüber streuen.

Speckpfannekuchen

Zutaten wie Pfannekuchen S. 47
50 g Mehl
150–250 g durchwachsener Speck

Der Pfannekuchenteig wird mit der erhöhten Mehlmenge wie „Pfannekuchen" S. 47 hergestellt. Den Speck schneidet man in dünne Scheiben und läßt diese in der Pfanne aus, bevor man den Teig hinein gibt, oder man belegt die obere Pfannekuchenseite vor dem Wenden mit den Speckscheiben.

Schnittlauchpfannekuchen

Zutaten wie „Pfannekuchen" S. 47
2 Bund Schnittlauch

Der Pfannekuchenteig wird wie „Pfannekuchen" S. 47 hergestellt. Der Schnittlauch wird gewaschen und in feine Stücke gehackt. Die gehackten Schnittlauchstücke rührt man unter den Teig und backt die grünen Kuchen dann in heißem Fett in der Pfanne. Herzhafter schmeckt der Kuchen, wenn man ihn in ausgelassenem Speck in der Pfanne backt.

Gefüllte Pfannekuchen

Rezept pro Person:
3 Eßlöffel Mehl
1 Tasse Milch
1 Prise Salz   60 g Hackfleisch
1 Ei   Salz, Zwiebel, Pfeffer

Das Ei wird mit Salz geschlagen und nach und nach gibt man wechselweise Milch und Mehl hinzu. Den Pfannekuchenteig bäckt man in der Pfanne in heißem Fett und bestreicht ihn dann mit dem Hackfleisch, das mit Zwiebel, Salz und Pfeffer abgeschmeckt ist. Hierzu kann man auch Fleischreste verwenden. Der Pfannekuchen wird aufgerollt und dann in Scheiben geschnitten, die in der Pfanne von beiden Seiten nochmals gebakken werden.

Pfannenscheiben

1000 g Kartoffeln
3–4 dicke Zwiebeln
1 Mettwurst
100 g Speck

Die Kartoffeln werden geschält, gewaschen und in Scheiben geschnitten. Der Speck wird gewürfelt und die Zwiebeln und die Mettwurst in Scheiben geschnitten. Dann läßt man den Speck in der Pfanne aus und gibt die übrigen Zutaten dazu und läßt sie bei schwacher Hitze etwa 30 Minuten garen. Als Beilage reicht man gerührten Käse und Schwarzbrot. Auch zu diesem Gericht kann man alle frischen Salate servieren.

Bratwurst-Kartoffeln

1000 g frische Bratwurst
1000 g Kartoffeln
Salz
Schmalz

Die geschälten und gewaschenen Kartoffeln werden in Scheiben geschnitten, gesalzen und in einer Pfanne verteilt. Die frische Bratwurst (Ziesen) wird wie ein Deckel auf den Kartoffeln angerichtet. Man gibt etwas Schmalz darüber. Das Gericht läßt man an Sommerabenden auf dem offenen Feuer langsam garen. Möglichst wenig umrühren! Wenn die Kartoffeln gar sind, wird das Ganze portionsweise verteilt.

Dieses Gericht ist besonders typisch für den Bereich Radevormwald. Der nostalgische Geheimtip für warme Sommertage!

Puffertsplätzchen (1)

2 Eier
500 g Mehl
1 Päckchen Backpulver
3/8 l Milch
1/8 l Wasser
1 Teelöffel Salz
3 Eßlöffel Zucker
100 g Butter
Rosinen
Äpfel
Fett

Das Eigelb wird mit Salz und Zucker verrührt. Im Wechsel Mehl und Flüssigkeit zugeben! Das zu Schnee geschlagene Eiweiß unterheben. Zuletzt mischt man die gewaschenen und abgetropften Rosinen und die in kleine Würfel geschnittenen Äpfel unter den Teig. Im heißen Fett werden kleine Plätzchen in der Pfanne gebacken.

Pufferts- oder Hefeplätzchen (2)

500 g Mehl
30 g Hefe
1/4 l Milch
1 Ei
1 Prise Salz
1 Teelöffel Zucker
Rosinen
Äpfel

Die zerbröckelte Hefe setzt man mit knapp einer Tasse Milch und einem Teelöffel Zukker zum Gehen an. Dann siebt man das Mehl in eine Schüssel, gibt die angesetzte Hefe in eine Vertiefung in der Mitte und verrührt mit etwas Mehl. Diesen Vorteig etwa eine halbe Stunde an einem warmen Ort gehen lassen. Danach gibt man den Rest der Milch, das Salz und das Ei hinzu und verrührt alles zu einem glatten Teig. Zuletzt hebt man die Rosinen und die Äpfel unter den Teig. In heißem Fett werden in der Pfanne kleine Plätzchen von beiden Seiten goldgelb gebacken. Die heißen Plätzchen werden entweder mit Zucker und Zimt bestreut zu Tisch gegeben, oder mit Apfelkompott gereicht.

Pillekuchen

Rezept für 2–3 Pillekuchen:
500–600 g Kartoffeln
2 Eier
2 Eßlöffel Mehl
etwas Milch
Salz, Pfeffer
2–3 Zwiebeln
Fett

Die Kartoffeln werden geschält, gewaschen und grob geraspelt. Die Eier schlägt man mit Salz und Pfeffer und der geriebenen Zwiebel und gibt nach und nach Milch und Mehl darunter. Dann vermischt man den Teig mit den geraspelten Kartoffeln und gibt die Masse in die Pfanne, so daß pfannekuchengroße Pillekuchen entstehen. In der Pfanne werden die Kuchen in Fett, ausgelassenem Speck oder Öl abgebacken. Dazu reicht man Butter, Schwarzbrot, Rübenkraut oder grünen Salat.

Reibekuchen (1)

1500 g Kartoffeln
2 Eier
2–3 Eßlöffel Haferflocken
(nur bei wässrigen Kartoffeln)
2 große Zwiebeln
Salz nach Geschmack

Die Kartoffeln werden geschält, gewaschen und gerieben. Das sich absetzende Wasser schüttet man ab und fügt der Reibemasse Eier, Salz und die geriebenen Zwiebeln zu. Bei wässrigen Kartoffeln bindet man den Teig mit Haferflocken oder Mehl. Die Reibemasse gibt man in kleinen Portionen in heißes Fett in die Pfanne und backt kleine Plätzchen, die mit Schwarzbrot und Rübenkraut oder Apfelkompott gegessen werden. Außerdem gehörte bei vielen eine Tasse Kaffee dazu. Reibekuchen und Kaffee wurde auch oft den fleißigen Helfern bei der Ernte auf das Feld gebracht.

Speckreibekuchen

Zutaten wie bei Reibekuchen (1)
250 g durchwachsener Speck

Man bereitet den Reibekuchenteig wie oben und schneidet den Speck in kleine dünne Scheiben. Die Speckscheiben gibt man von beiden Seiten auf die Reibekuchen.

Reibeapfelkuchen

Zutaten wie bei Reibekuchen (1)
6 große Äpfel

Man bereitet den Reibekuchenteig wie oben und schneidet die geschälten Äpfel in dünne Scheiben und backt sie in die Reibekuchen ein.

Reibekuchen (2)

1500 g Kartoffeln
1 Ei   *1/8 l Milch*
1 Zwieback   *Salz nach Geschmack*

Der Zwieback wird mit der Milch zum Kochen aufgesetzt und solange gekocht, bis der Zwieback sich in der Milch aufgelöst hat. Diese Masse wird in die Reibemasse der Kartoffeln gegeben, die wie oben vorbereitet wird. Ansonsten verläuft die Zubereitung wie bei Reibekuchen (1).

Reibewaffeln

Rezept für 10 Reibewaffeln:
6–7 dicke Kartoffeln
4–5 Eier
150 g Mehl
1/8 – 1/4 l saure Sahne
100 g Speck
Margarine oder Schmalz

Die Kartoffeln werden geschält und gerieben. Das sich absetzende Wasser schüttet man ab und gibt dann die Eier dazu. Dann wird der Masse soviel Mehl zugegeben, daß der Teig gebunden wird. Man schmeckt mit Salz ab und verfeinert mit saurer Sahne.
Das Waffeleisen wird vorgeheizt und mit Speck, Margarine oder Schmalz gefettet. Dann werden die Reibewaffeln gebacken. Früher aß man Reibewaffeln auf mit Butter bestrichenen Schwarzbrotscheiben. Als Beilagen eignen sich ebenfalls Schweinebraten, Gulasch oder Apfelkompott.

SALATE

Endiviensalat

1 großer Kopf Endiviensalat
1 gekochte Kartoffel
3 Eßlöffel Öl
2 Eßlöffel Essig
1/2 Zwiebel
1 Teelöffel Salz

Der Salat wird verlesen, gewaschen und in feine Streifen geschnitten. Aus Öl, Essig, Salz, Pfeffer und Zwiebeln mischt man eine Soße. Unter die fertige Salatsoße rührt man eine gekochte, heiß geknetete Kartoffel und gibt dann die Soße über den geschnittenen Salat.

Feldsalat

250 g Feldsalat
1/4 l saure Sahne
1 Teelöffel Essig
Salz, Pfeffer
1 Zwiebel
1 gekochte Kartoffel

Der Feldsalat wird verlesen und gewaschen. Für die Soße mischt man die Sahne mit Essig, schneidet die Zwiebel in kleine Stücke und gibt sie darunter. Soße mit Salz und Pfeffer abschmecken. Unter die fertige Salatsoße reibt man eine gekochte, heiß geknetete Kartoffel und gibt dann die Soße über den Salat.

Warmer Kartoffelsalat (1)

750 g Kartoffeln
80 g durchwachsener Speck oder
100 g geräucherte Mettwurst
1–2 große Zwiebeln
40 g Mehl
1/2 l Fleischbrühe
1/4 l Milch
Salz, Pfeffer

Die Kartoffeln werden als Pellkartoffeln gegart, heiß abgepellt und in Scheiben geschnitten. Der durchwachsene Speck wird gewürfelt oder die Mettwurst in Scheiben geschnitten, in einen Topf gegeben und ausgelassen. Die in Würfel geschnittene Zwiebel zugeben und bräunen. Das Mehl ebenfalls anbräunen und anschließend mit der Flüssigkeit ablöschen. Mit Salz und Pfeffer abschmecken. Die Kartoffelscheiben hineingeben und heiß werden lassen! Nochmals abschmecken!

Warmer Kartoffelsalat (2)

750 g Kartoffeln
1/8 l Brühe
40 g Speck
1 Zwiebel

Die Kartoffeln werden als Pellkartoffeln gegart, heiß abgepellt und in feine Scheiben geschnitten. Die Pellkartoffeln mit der heißen Brühe übergießen.
Man läßt den in Würfel geschnittenen Speck in der Pfanne aus und bräunt die klein geschnittene Zwiebel in dem Fett. Speck und gebräunte Zwiebel werden über die Kartoffeln gegeben und die Masse wird mit Pfeffer, Salz und Essig abgeschmeckt.

Kartoffelsalat (1)

750 g Kartoffeln

Für die Soße:

1 Tasse saure Sahne	1 Eßlöffel Öl
1 Tasse Dickmilch	1 Eßlöffel Essig
Salz, Pfeffer	2 große Zwiebeln

Die Kartoffeln werden wie Pellkartoffeln gegart, heiß abgepellt und in dünne Scheiben geschnitten. Dickmilch und Sahne werden verrührt. Dazu gibt man Öl, Essig, Salz und Pfeffer und eine feingeschnittene Zwiebel. Die Kartoffeln mit der Soße übergießen und vorsichtig unterrühren.
Je nach Geschmack kann der Kartoffelsalat durch Gurken, Fleischwurst, Apfel oder einen Hering angereichert werden.

Kartoffelsalat (2)

	Für die Soße:
750 g Kartoffeln	3 Eßlöffel Öl
1/8 l Brühe	1 Eßlöffel Essig
1 Zwiebel	1 Prise Salz
	feingehackte Kräuter

Die Kartoffeln werden als Pellkartoffeln gegart und heiß abgepellt. Dann schneidet man die Kartoffeln in feine Scheiben und übergießt sie mit der warmen Brühe. Zuletzt gibt man die feingehackte Zwiebel dazu.
Für die Soße verrührt man Öl und Essig und gibt Salz und Kräuter dazu. Dann mischt man die Soße unter die Kartoffeln.

Eierspeisen

Eierkäse

10 Eier
1 1/2 l Milch
1 Prise Salz
1 Prise Zucker

Alle Zutaten werden verrührt und in eine Emailleschüssel gegeben. In einem genügend großen Kochtopf mit Deckel kocht man die Masse im Wasserbad solange, bis die Milch gerinnt und das Gemisch fest wird. In einem Haarsieb abtropfen lassen! Umstülpen und an einem kühlen Ort erkalten lassen! Danach läßt sich der Eierkäse in 2 cm dicke Streifen schneiden, die als Brotaufstrich auf Schwarzbrot köstlich schmekken. Je nach Geschmack kann man auch Zimt über den Eierkäse streuen.

Eierkuchen

Für etwa 4 Eierkuchen:
120 g Mehl
1/4 l Milch oder Wasser
4 Eigelb
4 Eischnee
Salz, Zucker
Fett

Eier und Milch werden verquirlt und dann mit dem gesiebten Mehl verrührt. Zuletzt gibt man die Geschmackszutaten in den Teig. Fett wird in der Pfanne zerlassen, und der Teig kommt portionsweise hinein. Die gebackenen Eierkuchen werden mit Salat oder auf Roggenbrot gegessen.

Rührei mit Speck

50 g Speck
6 Eier
6 Eßlöffel Milch oder Wasser
30 g Fett
Salz nach Geschmack

Man schlägt die ganzen Eier mit der Flüssigkeit und gibt das Salz hinzu. Den Speck würfelt man und läßt ihn in der Pfanne aus und gibt dann die Eimasse darüber. Während man die Masse stocken läßt, löst man sie hin und wieder mit einem Löffel vom Boden.

Oberbergischer Eierkuchen (süß)

Für 1 Eierkuchen:
4 Eigelb
4 Eiweiß
1 Prise Salz
1 Eßlöffel Mehl
2 Eßlöffel Milch
Fett, Puderzucker

Aus Eigelb, Salz, Mehl und Milch rührt man einen Eierkuchenteig. Die Hälfte des Teiges gibt man in die Pfanne und backt den dünnen Eierkuchen einseitig. Das steif geschlagene Eiweiß gibt man auf den Eierkuchen und läßt ihn bei mittlerer Hitze einige Minuten ziehen. Dann schiebt man den Kuchen auf einen Teller oder Kochtopfdeckel und backt aus dem restlichen Teig einen weiteren dünnen Eierkuchen. Den vorher bereiteten Eierkuchen stülpt man darauf und backt den Kuchen bei mittlerer Hitze fertig. Dann läßt man den Kuchen in einem Backofen mit Oberhitze etwa zwei Minuten ziehen.

Zum Schluß Eierkuchen mit Puderzucker bestäuben.

Oberbergischer Eierkuchen (herzhaft)

Für 1 Eierkuchen:
30–50 g Speck
4 Eigelb
4 Eiweiß
1 Prise Salz
1 Eßlöffel Mehl
2 Eßlöffel Milch

Der Kuchen wird wie „Oberbergischer Eierkuchen (süß)" bereitet. Man läßt nur statt Fett den Speck in der Pfanne aus und backt darin die dünnen Eierkuchen.

BROTE, STUTEN, PLÄTZE

Bauernbrot

500 g Roggenmehl
1/2 l lauwarmes Wasser
500 g Weizenmehl
1 Eßlöffel Salz
175 g Sauerteig

Den Sauerteig rührt man mit dem Wasser glatt und gibt 1/4 Pfund Roggenmehl dazu. Die Backschüssel mit dem Teig bedeckt man mit einem Tuch und läßt sie über Nacht im Backofen stehen (etwa 20–30 Grad). Am anderen Tag restliches Mehl, Wasser und Salz zum Sauerteig geben und alles gut verarbeiten. Erneut mit einem Tuch bedecken und wieder zwei Stunden stehen lassen. Danach wird der Teig etwa 10 Minuten geknetet. Dann formt man ein rundes Brot, legt es auf ein bemehltes Blech und schneidet es oben kreuzweise ein. Mit dem Tuch abgedeckt wieder zwei Stunden gehen lassen. Im vorgeheizten Ofen wird das Brot bei 220 Grad etwa 1 1/4 Stunde gebacken.

Kartoffelbrot (1)

7 dicke Kartoffeln
40 g Hefe   1000 g Mehl
1 Prise Zucker   3 flache Teelöffel Salz
1/2 l lauwarme Milch   2 Eier

Die Kartoffeln werden geschält, gewaschen und gerieben. Auf einem Sieb läßt man die Kartoffelmasse abtropfen. In die Kartoffelmasse gibt man die Hefe, die man vorher mit etwas Milch und einer Prise Zucker verrührt hat und die bereits eine Zeit gegangen ist, schüttet die kochende Milch darüber und gibt nach und nach die übrigen Zutaten dazu. Alles verrührt man zu einem glatten Teig. Dann läßt man den Teig an einem warmen Ort etwa eine Stunde gehen und füllt ihn dann in eine große Kastenform. Noch etwa eine Stunde gehen lassen. Bei 250 Grad wird das Kartoffelbrot etwa eine Stunde gebacken.
Die Zubereitung läßt sich gut mit einem Handrührgerät, einer Küchenmaschine oder einem Knethaken durchführen.

Kartoffelbrot (2)

6 dicke rohe Kartoffeln
4 dicke gekochte Kartoffeln
alle anderen Zutaten, mit Ausnahme der
Kartoffeln, wie bei (1)

Die geschälten rohen und die gekochten Kartoffeln werden gerieben. Die Zubereitung wird wie bei (1) fortgesetzt.

Kartoffelbrot (3)

350 g rohe Kartoffeln
150 g gekochte Kartoffeln
1/4 l Milch
40 g Hefe
1 Teelöffel Zucker
2 Teelöffel Salz
Mehl nach Bedarf
50 g Fett

Die rohen Kartoffeln werden geschält, gewaschen, gerieben und in einem Leinentuch ausgepreßt. Die als Salzkartoffeln gegarten gekochten Kartoffeln reibt man ebenfalls und gibt sie unter die Masse. Die Milch gibt man kochend über die rohen Kartoffeln und die Hefe, die man vorher mit etwa einer Tasse Milch und einem Teelöffel Zucker zum Gehen angesetzt hatte, fügt man der Kartoffelmasse ebenfalls zu. Dann gibt man soviel Mehl zu, daß ein glatter Teig entsteht (etwa 750 g Mehl). Den Teig läßt man an einem warmen Ort etwa eine Stunde gehen, gibt ihn dann in eine große Kastenform und backt ihn im vorgeheizten Backofen zunächst bei 220 Grad. Nach etwa 10 Minuten Backzeit auf 180 Grad zurückschalten! Die Backzeit beträgt etwa 90 Minuten.
Das Kartoffelbrot schmeckt frisch am besten. Gesalzene Butter oder Butter mit Apfelkraut oder Pflaumenmus schmecken ebenso dazu wie eine herzhafte Brotauflage (Schinken usw.).

Korinthenplatz

1375 g Mehl
375–500 g Korinthen
250 g Butter
1/2 l Milch
80 g Hefe
1 Tasse Zucker
2 Eier
Zimt
1 Prise Salz

Das Mehl wird in eine Schüssel gesiebt, in der Mitte macht man eine Vertiefung und gibt 1 Tasse lauwarme Milch, 1 Eßlöffel Zucker und die zerbröckelte Hefe hinein. Milch, Hefe und Zucker werden mit einem Teil des Mehles verrührt. Dann läßt man den Vorteig an einem warmen Ort gehen bis er etwa doppelt so hoch geworden ist. Mit dem Rest der Milch, dem Rest des Zuckers, der zerlassenen Butter und den Eiern verrührt man das Mehl zu einem glatten Teig und gibt zuletzt die Geschmackszutaten hinein. Den Teig nochmals gehen lassen. Nachdem man den Teig in runder Form auf das Backblech gegeben hat, läßt man ihn nochmals gehen, schneidet ihn kreuzweise ein und bestreicht ihn danach mit dem verdünnten Eigelb. Bei 180–200 Grad wird der Korinthenplatz etwa eine Stunde gebacken.

Guter Platz

2000 g Mehl — 7/8 l Milch — 200 g Zitronat
250 g Butter — 1 Teelöffel Salz — 2 Eier
250 g Rosinen — 250 g Zucker — 80 g Hefe

Das Mehl wird in eine Schüssel gesiebt, und in die Mitte macht man eine Vertiefung. Man gibt etwa eine Tasse lauwarme Milch, einen Teelöffel Zucker und die zerbröckelte Hefe hinein. Dann verrührt man alles mit einem Teil des Mehles. Diesen Vorteig läßt man an einem warmen Ort etwa eine halbe Stunde gehen. Wenn er doppelt so hoch geworden ist, gibt man den Rest Milch, Zucker, Salz, die erwärmte Butter und Eier dazu und verknetet alles gründlich mit dem restlichen Mehl. Danach gibt man die gewaschenen und abgetropften Rosinen und das Zitronat unter den Teig und läßt ihn erneut an einem warmen Ort gehen. Wenn er genügend gegangen ist, legt man den Teig auf ein gefettetes Backblech. Damit das Brot nicht reißt, ritzt man in der Mitte einen Kreis oder ein Kreuz und in jedes Viertel einen halbkreisförmigen Einschnitt. Das Brot wird bei 180–200 Grad im Backofen etwa 80 Minuten gebacken.
Wer nicht für eine übergroße Familie backt und keine Tiefkühltruhe besitzt, der sollte das halbe Rezept nehmen. Dieses Brot wird Ihren Backofen voll ausnutzen.

Täglicher Platz

2000 g Mehl
125 g Zucker
125 g Korinthen
1 Eßlöffel Butter
7/8 l Milch
1 Teelöffel Salz
1/2 Teelöffel Zimt
40 g Hefe

Das Mehl wird in eine Schüssel gesiebt und in die Mitte macht man eine Vertiefung. Man gibt etwa eine Tasse lauwarme Milch, einen Teelöffel Zucker und die zerbröckelte Hefe hinein. Dann verrührt man alles mit einem Teil des Mehles. Diesen Vorteig läßt man an einem warmen Ort etwa eine halbe Stunde gehen. Wenn er doppelt so hoch geworden ist, gibt man den Rest Milch, Zucker, die erwärmte Butter, Salz und Zimt dazu und verknetet alles gründlich mit dem gesamten Mehl. Zuletzt gibt man die eingeweichten und abgetropften Korinthen unter den Teig. Dann läßt man den Teig erneut an einem warmen Ort gehen. Wenn er genügend gegangen ist, legt man den Teig auf ein gefettetes Backblech. Damit das Brot nicht reißt, ritzt man in der Mitte einen Kreis oder ein Kreuz und in jedes Viertel einen halbkreisförmigen Einschnitt. Das Brot wird bei 180–200 Grad im Backofen etwa 80 Minuten gebacken.

Vorsicht bei der Größe des Brotes! Die Angabe zur Brotmenge bei „Guter Platz" trifft auch bei diesem Rezept zu.

Pfannenwatz

2500–3000 g Kartoffeln
100–150 g Haferflocken
3 Eier
Salz
125 g saure Sahne
Margarine oder Butter
eventuell 150 g durchwachsener Speck

Die Kartoffeln werden geschält und gerieben und die Reibemasse wird in einem Leinentuch ausgewrungen. In die Kartoffelmasse gibt man die Eier, die Haferflocken und nach Geschmack Salz. Zuletzt kann man mit saurer Sahne verfeinern.
Die Fettpfanne oder die Kastenform werden mit Margarine ausgefettet, und dann gibt man den Kartoffelteig hinein und setzt Butterflöckchen darauf. Je nach Geschmack kann die Fettpfanne auch, bevor man den Teig hineingibt, mit Speckscheiben ausgelegt werden.
Der Pfannenwatz wird bei 200 Grad etwa 1 1/2 Stunden gebacken. Falls er oben zu braun werden sollte, kann man eine Zeitung darüberlegen.
Der Pfannenwatz wird entweder warm gegessen, wenn er aus dem Backofen kommt, oder aber in Scheiben geschnitten und vor dem Servieren in Öl oder Butter in der Pfanne auf beiden Seiten gebraten. Man gibt Schwarzbrot, Apfelkraut oder Apfelkompott dazu. Für frühere Zeiten nicht gerade typisch, aber für die Zeitgenossen empfehlenswert als Beilage sind auch Preiselbeeren.
Wurde der Pfannenwatz in der Pfanne bereitet, so hieß er auch Pflugrad oder Schleifstein.

Mischbrot

500 g Roggenmehl
500 g Weizenmehl
70–80 g Hefe
1/4 – 1/2 l Milch
Zucker
Salz

Das Mehl wird in eine Schüssel gegeben. In die Mitte macht man eine Vertiefung und gibt eine Tasse lauwarme Milch, die zerbröckelte Hefe und einen Teelöffel Zucker hinein. Diese Zutaten verrührt man mit einem Teil des Mehles. Diesen Vorteig an einem warmen Ort gehen lassen. Wenn er etwa doppelt so hoch geworden ist, den Rest Milch und Salz (eventuell auch Zucker) zugeben und mit dem gesamten Mehl gründlich verkneten. Den Teig an einem warmen Ort nochmals gehen lassen! Wenn der Teig genügend gegangen ist, legt man den Teig auf ein gefettetes Backblech, schneidet ihn kreuzweise ein und backt das Brot bei 180–200 Grad etwa 80–120 Minuten.
Es verleiht dem Brot einen etwas säuerlichen Geschmack, wenn man den Vorteig statt mit Milch mit Buttermilch anrührt.

Weizen-Feinbrot (1)

500 g Weizenmehl
20 g Hefe
1 Prise Salz
1 Teelöffel Zucker
1/4 l Wasser oder Milch

Mehl in eine Schüssel sieben. In eine Vertiefung in der Mitte gibt man die Hefe, einen Teelöffel Zucker und etwas lauwarme Flüssigkeit und rührt daraus einen Vorteig. Die Schüssel mit einem Tuch zudecken und an einem warmen Ort etwa eine halbe Stunde gehen lassen. Dann die restliche Flüssigkeit und das Salz zugeben und mit den Händen sorgfältig durchkneten. Dann gibt man den Teig in eine Kastenform (etwa 30 cm), ritzt ihn mit einem Messer etwa zwei Zentimeter ein und läßt ihn nochmal eine halbe Stunde gehen.

Wenn der Teig das doppelte Volumen angenommen hat, den Kasten im vorgeheizten Backofen bei 220 Grad etwa eine Stunde backen.

Weizen-Feinbrot (2)

500 g Mehl
1/4 l Milch
35 g Hefe
100 g Zucker
100 g Butter
Salz
Eigelb, Wasser

Das Mehl wird in eine Schüssel gesiebt. In die Mitte des Mehles macht man eine Vertiefung und gibt eine Tasse lauwarme Milch, einen Teelöffel Zucker und die zerbröckelte Hefe hinein. Milch, Hefe und Zucker verrührt man mit einem Teil des Mehles und läßt diesen Vorteig etwa eine halbe Stunde an einem warmen Ort gehen. Wenn das Ganze etwa doppelt so hoch geworden ist, gibt man die aufgelöste Butter, den Zucker, den Rest der Milch und das Salz hinzu und verknetet alles gründlich mit dem ganzen Mehl. Dann läßt man den Teig erneut an einem warmen Ort gehen. Ist der Teig gut gegangen, füllt man ihn in eine gefettete Kastenform, ritzt ihn mit einem Messer etwa zwei Zentimeter ein und backt ihn im Backofen bei 220 Grad etwa eine Stunde. Während des Backens bestreicht man das Brot mit verdünntem Eigelb.

Korinthenstuten

Über die genannten Brotarten hinaus finden sie in unserem Rezeptteil „Bergische Kaffeetafel" den Korinthenstuten.

Milchbrötchen

500 g Weizenmehl
1/4 l Milch
40 g Hefe
2 Teelöffel Zucker
1 Eigelb

Das Mehl wird in eine Schüssel gesiebt, und in die Mitte macht man eine Vertiefung, in die man die zerbröckelte Hefe, den Zucker und die lauwarme Milch gibt. Die Schüssel deckt man mit einem Küchentuch ab, und den Teig läßt man so lange gehen, bis sich die Hefemasse verdoppelt hat. Nun alle Zutaten zu einem glatten Teig verarbeiten und schlagen bis er Blasen wirft. Dann formt man Brötchen und setzt sie auf ein gefettetes Backblech. Die Brötchen mit einem Tuch abdecken und noch einmal etwa 20 Minuten gehen lassen. Vor dem Backen werden die Brötchen mit Eigelb bepinselt. Bei 180–200 Grad etwa 20 Minuten backen.

Röggelchen

500 g Roggenmehl
30–40 g Hefe
1 Teelöffel Zucker
1 Teelöffel Salz
etwa 1 Tasse Milch
1–2 Eigelb

Mehl wird in eine Backschüssel gegeben. In die Mitte macht man eine Vertiefung und gibt die zerbröckelte Hefe, den Zucker und die lauwarme Milch dazu. Mit etwas Mehl verrührt man alles zu einem Vorteig, den man an einem warmen Ort etwa eine Stunde gehen läßt. Dann verrührt man den Vorteig mit den restlichen Zutaten, schlägt den Teig gut durch und formt kleine Brötchen von dem Teig. Die Teigbrötchen auf ein bemehltes Backblech geben und kreuzweise einschneiden.
Vor dem Backen bestreicht man die Brötchen mit verdünntem Eigelb. Bei 220 Grad werden die Brötchen etwa 20 Minuten gebacken.

Kottenbutter

2 Scheiben Schwarzbrot
Butter
Mettwurst
1–2 Zwiebeln
eventuell Senf

Die Schwarzbrotscheiben werden mit Butter bestrichen, die eine belegt man mit Zwiebelscheiben, die andere mit Mettwurst. Die beiden Scheiben werden aufeinander geklappt. Je nach Geschmack kann man die Kottenbutter noch um eine „Lage" Senf bereichern.
Genau das Richtige zu einem guten Bier beim Herrenabend!

Rahmbutter

Zu dem selbstgebackenen Brot aß man im Raum Radevormwald die sogenannte Schmandbutter. Ziegen- oder Kuhmilch wurde langsam erwärmt und nach Stunden zum Kochen gebracht. Kurz vor dem Sieden hob man den Schmand ab und ließ ihn erkalten. Vor allem zu Roggenbrot und Korinthenstuten galt die Schmandbutter als Leckerbissen.

Gebäcke und Kuchen

Bomböschen (1)

500 g Mehl
1/2 l Milch
4–5 Eier
1/2 Teelöffel Salz
1 gehäufter Eßlöffel Zucker
40 g Hefe
2 Löffel saure Sahne
etwas abgeriebene Zitronenschale
Backfett

Das Mehl wird in eine Schüssel gesiebt. In eine Vertiefung in die Mitte gibt man eine Tasse lauwarme Milch, den Zucker und die zerbröckelte Hefe. Milch, Zucker und Hefe werden mit einem Teil des Mehles verrührt. Diesen Vorteig läßt man etwa eine halbe Stunde an einem warmen Ort gehen. Dann gibt man die restlichen Zutaten dazu und verrührt alles zu einem glatten Teig. Nochmals gehen lassen!

In der Bomböschenpfanne wird etwas Fett zerlassen, und der Teig mit einem Eßlöffel in die Vertiefungen der Bomböschenpfanne gefüllt. Früher wurden Bomböschen über dem offenen Feuer abgebacken.

Wer Bomböschen backen will, aber keine Bomböschenpfanne besitzt, kann das Gebäck schwimmend in heißem Fett backen.

Bomböschen (2)

500 g Mehl
1 1/2 Päckchen Backpulver
7 Eier
Milch nach Bedarf
2 Päckchen Vanillezucker
125 g Rosinen

Das Eigelb verrühren und nach und nach Mehl, Backpulver und Milch zugeben. Wenn ein glatter Teig entstanden ist, gibt man den Vanillezucker und die gewaschenen und abgetropften Rosinen dazu. Zuletzt das zu Eischnee geschlagene Eiweiß unterheben. Weitere Zubereitung wie (1).

Bienenstich

500 g Mehl
30 g Hefe
1/4 l Milch (knapp)
75 g Zucker
100 g Margarine
1 Ei
1 gestrichener Teelöffel Salz
Schale einer halben Zitrone

Belag:
200 g Mandelstifte
100 g Margarine
200 g Zucker
1 Päckchen Vanillezucker
3–4 Eßlöffel Milch
100 g Bienenhonig

Füllung:
1/4 l Milch
1/2 Päckchen Vanillepuddingpulver
50 g Zucker
100 g Butter

Das Mehl wird in eine Schüssel gesiebt und eine Vertiefung in die Mitte gemacht. Darein gibt man die gebröckelte Hefe, 1 Teelöffel Zucker und etwa eine Tasse Milch und verrührt mit etwas Mehl. Diesen Vorteig läßt man etwa eine halbe Stunde gehen. Dann gibt man das Ei, die restliche Milch, den Zucker und die Gewürze dazu und verrührt alles kräftig mit dem Mehl bis der Teig Blasen wirft. Den Teig formt man zu einer Kugel und läßt ihn an einem warmen Ort in einer mit Mehl bestreuten Schüssel gehen. Dann rollt man den Teig auf ein gefettetes Backblech aus und läßt ihn nochmals gehen.

Für den Belag erhitzt man die Margarine, vermischt sie mit Zucker, Vanillezucker und den gehackten Mandeln. Man läßt die Masse erkalten und gibt sie dann auf den Teig. Dann wird der Kuchen im Backofen bei 190–200 Grad etwa 35 Minuten gebacken. Die Füllung stellt man folgendermaßen her: Die Milch wird mit dem Zucker zum Kochen gebracht. In die kochende Milch rührt man das Vanillepuddingpulver ein und kocht die Masse noch einmal auf. Dann gibt man diese Krem eßlöffelweise unter die schaumig gerührte Butter.

Gekochte Brezeln oder Burenbrezeln

Für etwa 24 Stück
1/2 l Milch
150 g Zucker
40 g Hefe
250 g Butter
2 Eier
1500 g Mehl

Das Mehl wird in eine Schüssel gesiebt, und in die Mitte macht man eine Vertiefung, in die man die zerbröckelte Hefe, einen Eßlöffel Zucker und eine Tasse lauwarme Milch gibt. Die Masse wird mit einem Teil des Mehles verrührt, bevor man die anderen Zutaten nach und nach dazugibt und alles gut verknetet. Dann nimmt man kleine Teile von dem Teig und formt Brezeln daraus. Die Brezeln gibt man in kochendes Wasser und nimmt sie erst heraus, wenn sie an die Wasseroberfläche kommen. Danach legt man die Brezeln auf ein gefettetes Backblech und gibt sie etwa 5–10 Minuten in den vorgeheizten Backofen (200 Grad). Wenn die Brezeln aus dem Backofen kommen mit guter Butter bestreichen.

Brezeln

125 g Butter
250 g Weizenmehl
125 g Zucker
4 Eigelb
1 Päckchen Vanillezucker
1 Eigelb

Das Mehl siebt man in eine Schüssel, macht eine Vertiefung in die Mitte und gibt die Butter flöckchenweise auf das Mehl. Eier und Zucker kommen in die Mitte und alles verknetet man. Dann bleibt der Teig eine Weile liegen. Danach formt man kleine Brezeln, bestreicht sie mit Eigelb und backt sie im Backofen bei 180 Grad etwa 20 Minuten.

Burger oder Bergische Brezeln

1 l lauwarmes Wasser
875 g Zucker
1 Prise Salz
300 g Fett
2000 g Mehl
1 1/2 Päckchen Backpulver
25 g Hefe

Mehl und Backpulver werden in eine große Schüssel gesiebt. In einer Vertiefung in der Mitte macht man einen Ansatz aus Hefe, einer Tasse lauwarmem Wasser und einem Eßlöffel Zucker. Wenn die Hefemasse etwa eine Stunde an einem warmen Ort gegangen ist, gibt man das Fett flöckchenweise über den Mehlrand und verrührt die Hefemasse zunächst mit einem Teil des Mehles. Dann gibt man nach und nach alle Zutaten zu dem Mehl und verknetet sie zu einem glatten Teig. Die gesamte Teigmasse nochmals gehen lassen. Kleinere Teigportionen nochmal durchkneten und dann Rollen von etwa zwei Zentimeter Durchmesser formen und zu Brezeln legen.

Die Brezeln auf ein gefettetes Backblech geben und nochmals gehen lassen.
Bei 180 Grad werden die Brezeln etwa 20 Minuten im Backofen gebacken.

Eiserkuchen (1)

250 g Mehl
100 g Margarine
1 Prise Salz
150 g Zucker
1 Päckchen Vanillezucker
3/8 l Wasser

Margarine, Zucker, Vanillezucker und Salz werden mit dem Wasser aufgekocht. Abkühlen lassen! Das Mehl der abgekühlten Masse zufügen und dann kleine Teigmengen in dem Eiserkucheneisen backen. Die sofort nach dem Backen gerollten Hörnchen können mit Reis oder auch mit Sahne gefüllt werden.

Früher bereitete man Eiserkuchen über dem offenen Holzkohlenfeuer. Heute werden sie in elektrischen Eisen gebacken. Eiserkuchen waren ein Festtagsgericht.

Eiserkuchen (2)

500 g Mehl
250 g weißen Kandis
200 g Butter
1 Ei
Zimt
5/8 l Wasser

Der Kandis wird in dem kochenden Wasser aufgelöst. Abkühlen lassen! Dann gibt man alle Zutaten nach und nach zu der erkalteten Flüssigkeit und verrührt alles mit einem Schneebesen. Der Teig wird portionsweise in einem Eiserkucheneisen abgebacken. (Siehe Eiserkuchen (1).)

Gebildwecke

Zutaten wie „Weizen-Feinbrot" S. 66
1–2 Eigelb
eventuell Rosinen, ganze Haselnüsse

Man bereitet den Teig wie beschrieben, nimmt kleine Mengen davon ab und formt Figuren daraus (Stutenkerl, Hase, Hund, Frau, Mann, Ritter zu Pferde). Die Augen können aus Rosinen oder Haselnüssen sein. Wenn man die Formen auf dem gefetteten Backblech hat, läßt man den Teig nochmals gehen und bestreicht ihn vor dem Backen mit dem verdünnten Eigelb.

Die Gebildwecke werden bei 200 Grad etwa 30 Minuten gebacken.

Elberfelder Kringel

1000 g Mehl
375 g Butter
250 g Zucker
5 Eier
1/2 Teelöffel feiner Zimt
1/8 – 1/4 l Milch
375 g Korinthen
70 g Hefe

Das Mehl siebt man in eine Schüssel und macht in der Mitte eine Vertiefung. In die Vertiefung gibt man etwa eine Tasse lauwarme Milch, die zerbröckelte Hefe und einen Teelöffel Zucker. Dann verrührt man das Ganze mit der Hälfte des Mehles und läßt diesen Vorteig etwa eine halbe Stunde gehen. Den Rest der Milch, die erwärmte Butter und die Eier zugeben und alles mit dem Mehl zu einem festen Teig verkneten, der auf einem Backbrett ausgerollt wird. Diesen ausgerollten Teig bestreut man mit den gewaschenen und abgetropften Korinthen, Zucker und Zimt. Teig aufrollen und noch einmal gehen lassen. Bei 250 Grad etwa 60–70 Minuten backen.

Hefeplatte mit Äpfeln oder Pflaumen

500 g Mehl
30 g Hefe
1/4 l Milch
100 g Zucker
125 g Margarine
1 Prise Salz

Für den Belag:
1500 g Pflaumen oder Äpfel

Das Mehl wird in eine Schüssel gesiebt und in der Mitte wird eine Vertiefung gemacht, in die man knapp eine Tasse lauwarme Milch, einen Teelöffel Zucker und die zerbröckelte Hefe gibt. Die Masse gehen lassen, mit einem Teil des Mehles verrühren und an einem warmen Ort etwa eine halbe Stunde gehen lassen. Dann gibt man die restlichen Zutaten dazu und verrührt alles zu einem glatten Teig. Den Teig läßt man nochmals etwa eine Stunde gehen und gibt ihn auf ein gefettetes Backblech. Der Teig wird mit Obst (Äpfeln oder Pflaumen) belegt. Die Pflaumen werden halbiert, entkernt dachziegelartig auf dem Teig angeordnet. Die geschälten Äpfel werden in acht Stücke geschnitten und in eben dieser Weise auf den Teig gelegt. Der Kuchen muß etwa 45 Minuten bei 180–200 Grad im vorgeheizten Backofen gebacken werden.

Hefeplatte mit Apfelkompott

Zutaten für den Teig wie „Hefeplatte" S. 75
Für den Belag:
750 g Apfelkompott

Der Teig wird zubereitet wie „Hefeplatte mit Äpfeln oder Pflaumen". Von dem Teig nimmt man 1/10 ab. Die 9/10 auf ein gefettetes Backblech geben und den Apfelkompott gleichmäßig darauf verteilen. Den Rest des Teigs ausrollen und schmale Streifen davon abschneiden. Die Streifen werden so auf den Apfelkompott angeordnet, daß die Streifen wie ein Gitter wirken. Der Kuchen wird etwa 45 Minuten bei 180–200 Grad im vorgeheizten Backofen gebacken.

Keks

500 g Mehl
150 g Butter
150 g Zucker
2 Eier
1 Päckchen Backpulver
1 Päckchen Vanillezucker oder
abgeriebene Zitronenschale

Die Butter wird schaumig gerührt, der Zucker, Vanillezucker (oder Zitronenschale), die Eier und nach und nach das mit Backpulver vermischte Mehl hinzugeben. Man gebe die Teigmasse auf ein mit Mehl bestäubtes Backbrett, wirke sie einige Minuten und teile dann den Teig in mehrere Teile, die nacheinander dünn ausgerollt und mit einem Weinglas ausgestochen werden. Mit einer Stricknadel oder einer Gabel drückt man gleichmäßige Vertiefungen in die Scheiben und gibt sie auf ein mit Fett bestrichenes Backblech in den vorgeheizten Backofen. Nach 10–15 Minuten sind die Kekse bei mittlerer Hitze fertig und werden nach dem Erkalten in einem Blechkasten aufbewahrt.

Krabbeln (1)

500 g Mehl
20–30 g Hefe
50–100 g Fett
80 g Zucker
1 Prise Salz
1/4 – 3/8 l Milch
Öl

Das Mehl wird in eine Schüssel gesiebt. In der Mitte macht man eine Vertiefung und gibt die zerbröckelte Hefe, einen Teelöffel Zucker und etwas lauwarme Milch hinein. Mit etwas Mehl verrühren. Diesen Vorteig läßt man etwa eine halbe Stunde gehen und gibt dann nach und nach die restliche Milch, die erwärmte Butter, Zucker und Salz dazu und verrührt alles kräftig mit dem Mehl. Dann läßt man den Teig nochmals gehen. Von dem Teig sticht man mit einem Löffel kleine Teigstücke ab und backt sie in heißem Fett. Zuletzt bestreut man die noch warmen Krabbeln mit Zucker (je nach Geschmack gemischt mit Zimt).

Krabbeln (2)

500 g Mehl
500 g Kartoffelbrei oder Quark
125 g Zucker
1 Päckchen Vanillezucker
1 Prise Salz
3 Eier
3/4 – 1 Päckchen Backpulver
125 g Rosinen
Öl

Mehl und Backpulver werden in eine Schüssel gesiebt. In der Mitte macht man eine Vertiefung und gibt Zucker, Vanillezucker, Salz und die Eier hinein. Mit der Hälfte des Mehles verrührt man diese Zutaten. Dann gibt man Kartoffelbrei oder Quark hinzu und verrührt alles zu einem glatten Teig. Zuletzt kommen die gewaschenen und abgetropften Rosinen in die Masse. Teig etwa eine halbe Stunde ruhen lassen. Mit einem Löffel sticht man danach kleine Bällchen ab und läßt sie in heißem Öl schwimmend ausbacken.

Quarkbällchen

100 g Butter
125 g Zucker
2 Eier
1 abgeriebene Zitronenschale
250 g Quark
400 g Mehl
1/2 Päckchen Backpulver
6 Eßlöffel Milch
Ausbackfett
Zimt und Zucker

Die Butter wird mit Zucker, Eiern und Zitrone gut verrührt. Quark, Mehl, Backpulver und Milch werden daruntergemischt. Mit einem Löffel sticht man kleine Bällchen ab und läßt sie schwimmend in dem heißen Ausbackfett goldbraun backen. Die noch heißen Quarkbällchen werden in Zucker und Zimt gewälzt.

Muzen

500 g Mehl
3–4 Eier
3–4 Eßlöffel Zucker
1 Prise Salz
1–2 Tassen Milch
1 Päckchen Backpulver
Öl
Puderzucker

Das Eigelb wird mit dem Zucker und dem Salz verrührt und nach und nach gibt man Mehl, Backpulver und Milch dazu. Zuletzt hebt man das zu Schnee geschlagene Eiweiß unter. Mit einem Teelöffel sticht man kleine Teigstücke ab und backt sie in heißem Fett goldgelb. Die noch warmen Muzen werden mit Puderzucker bestreut.

Kriegsmuzen

Für 12–14 Stück:
250 g Mehl
2 Eier
Zucker nach Geschmack
1 Tasse Milch
20 g Hefe oder 1/2 Päckchen Backpulver
abgeriebene Zitronenschale oder Vanillezucker
Öl
nach Belieben 1 gekochte geriebene Kartoffel

Das Mehl siebt man in eine Schüssel und macht in der Mitte eine Vertiefung. In die Vertiefung gibt man knapp eine Tasse Milch, die zerbröckelte Hefe und einen Teelöffel Zucker. Die Milch, die Hefe und der Zucker werden mit ein wenig Mehl verrührt. Diesen Vorteig läßt man an einem warmen Ort etwa eine halbe Stunde gehen. Danach gibt man den Rest der Milch, die Eier, den Rest des Zuckers und Vanillezucker oder Zitronen-schale zu und rührt einen Teig. Die gesamte Teigmasse läßt man an einem warmen Ort nochmals gehen. Mit einem Teelöffel kleine Kugeln von dem Teig abstechen und in heißem Öl goldgelb backen.

Streuselkuchen

500 g Mehl
30 g Hefe
knapp 1/4 l lauwarme Milch
3 Eßlöffel Zucker   1 Prise Salz
125 g zerlassene Butter   2 Eier

Zum Bestreichen:
40 g Butter

Für den Streusel: 1/2 Teelöffel Zimt
125 g zerlassene Butter   etwas Zitronenschale
70 g Zucker   175 g Mehl

Das Mehl wird in eine Schüssel gesiebt. In der Mitte macht man eine Vertiefung und gibt die zerbröckelte Hefe, etwa eine Tasse lauwarme Milch und einen Eßlöffel Zucker dazu. Die Masse läßt man eine Weile gehen und verrührt sie dann mit einem Teil des Mehles. Diesen Vorteig läßt man an einem warmen Ort etwa eine halbe Stunde gehen, gibt dann die restlichen Zutaten dazu und verrührt alles mit dem restlichen Mehl zu einem glatten Teig, der nochmals gehen muß. Den Teig auf einem bemehlten Brett ausrollen und ein gefettetes Backblech damit auslegen. Mit etwas zerlassener Butter bestreichen und dann die Streusel darauf verteilen, die man folgendermaßen zubereitet:

Die zerlassene Butter wird mit Zimt, Zucker und Zitrone vermischt. Dann gibt man soviel Mehl dazu, daß sich trockene Klümpchen bilden.

Der Streuselkuchen wird bei 220 Grad etwa 15–20 Minuten gebacken.

Teezwieback

1000 g Mehl
500 g Zucker
125 g Butter
2 Eier
2 Päckchen Backpulver
etwas Zimt

Mehl und Backpulver werden gemischt und in eine Schüssel gesiebt. In die Mitte macht man eine Vertiefung und gibt Eier, Zucker und Zimt hinein. Mit etwas Mehl verrührt man diese Zutaten zu einer dickflüssigen Masse. Die Butter gibt man flöckchenweise auf den Rest des Mehles und verknetet dann alles mit den Händen oder mit Knethaken zu einem festen Teig. Aus diesem Teig formt man fingerdicke Rollen und schneidet davon 7–8 cm lange Stücke ab. Diese gibt man auf ein gefettetes Backblech und backt sie bei 200 Grad etwa 40–50 Minuten im vorgeheizten Backofen.

Nachspeisen

Apfelbettelmann

375 g Brot
500 g Äpfel
75 g Zucker
50 g Korinthen
2 Nelken
1/2 Teelöffel Zimt
75 g Fett
1/8 l Wasser

Das geriebene Brot wird mit den Gewürzen und dem Zucker vermischt. Die geschälten Äpfel werden mit Korinthen und Zucker gar gekocht. Dann läßt man das Fett in der Pfanne heiß werden und gibt erst die Hälfte des Brotes, dann die gekochten Äpfel und die andere Hälfte des Brotes in die Pfanne. Der Kuchen wird nun langsam auf beiden Seiten gebacken. Beim Wenden gibt man wieder neues Fett hinzu.
Backzeit: 30 Minuten.

Apfel im Schlafrock

4 Äpfel
Korinthen oder
eingemachte Kirschen (nach Bedarf)
etwas Rum oder Zitronensaft

Für den Teig:

500 g Mehl	
20 g Hefe	
80 g Zucker	1 Teelöffel Salz
80 g Margarine	knapp 1/4 l Milch

Aus den Äpfeln entfernt man das Kerngehäuse, füllt die Lücken mit Korinthen oder eingemachten Kirschen und träufelt einige Tropfen Rum oder Zitronensaft dort hinein. Für den Teig siebt man das Mehl in eine Schüssel, macht eine Vertiefung in die Mitte und gibt etwas Milch, die zerbröckelte Hefe und einen Teelöffel Zucker hinzu. Dann verrührt man mit etwa der Hälfte des Mehles. Diesen Vorteig läßt man etwa eine halbe Stunde an einem warmen Ort gehen und verrührt danach den Vorteig, den Rest der Milch, des Zuckers, die erwärmte Butter und das Salz mit dem gesamten Mehl. Dann läßt man den Teig nochmals gehen. Wenn er genug gegangen ist, rollt man ihn aus und trennt viereckige Stücke ab. Den Apfel setzt man in die Mitte, bestreicht die Enden des Teigviereckes mit Eiweiß und legt sie über dem Apfel zusammen. Die Oberfläche bestreicht man ebenfalls mit Ei. Die Äpfel im Schlafrock werden etwa 20–30 Minuten bei 230 Grad gebacken. Zuletzt bestreut man die noch warmen Äpfel im Schlafrock mit Puderzucker.

Gebackene Äpfel

4 große Äpfel
gehackte Mandeln
Kirschen
etwas Rum oder Zitronensaft
Zimt, Zucker

Das Kerngehäuse der Äpfel wird entfernt und die entstehende Öffnung mit Mandeln, Kirschen (entsteint), Zimt und Zucker gefüllt. Zuletzt träufelt man etwas Zitronensaft oder Rum in die Füllung.
Im vorgeheizten Ofen werden die Äpfel bei 150–180 Grad etwa 20 Minuten gebacken. Man reicht die Äpfel mit Vanillesoße zu Tisch.

Feiner Apfelpudding

1000 g Äpfel
Zucker nach Geschmack
Zimt nach Geschmack
125 g Korinthen
Wasser
3/4 l Milch
75 g gehackte Mandeln
1 Päckchen Vanillezucker
3 Eßlöffel Kartoffelmehl
3–4 Eigelb
3–4 Eischnee

Die geschälten und geschnittenen Äpfel kocht man mit Zucker, Zimt und Korinthen in wenig Wasser weich und gibt sie in eine Schüssel. Dann kocht man die Milch mit Vanillezucker und gehackten Mandeln und gibt das in etwas Wasser verrührte Mondamin unter stetem Rühren darunter. Eigelb zufügen und die Masse nochmals aufkochen lassen. Zuletzt hebt man den Eischnee unter und schüttet die Masse über die Äpfel. Man kann den Pudding mit Preiselbeeren oder Gelee verzieren.

Buttermilchspeise

1 l Buttermilch
375 g Zucker
10 Blatt rote Gelatine
Saft und Schale einer Zitrone

Die Gelatine wird in kaltem Wasser eingeweicht und im warmen Wasserbad aufgelöst. Die übrigen Zutaten mischt man darunter. Die Speise erstarren lassen!

Dickmilchspeise

1 l Dickmilch
4 Zwiebäcke
Zimt und Zucker nach Geschmack

Die Dickmilch füllt man in Portionsschalen
und bricht den Zwieback in die Milch. Nach
Geschmack wird Zucker und Zimt darüber-
gestreut.

Grießmehlpudding mit Kirschen

125 g Grießmehl (fein)
100 g abgezogene Mandeln
1 Vanillestange
1/2 l Milch
4 Eigelb
4 Eiweiß
500 g Kirschen
Zucker nach Geschmack
Zitronenschale
1/4 l Weißwein

Die abgezogenen Mandeln werden gerieben und mit der Vanillestange und der
Milch aufs Feuer gesetzt. Ausziehen lassen!
Dann gießt man die Flüssigkeit durch ein
feines Sieb, setzt sie zum Kochen auf und
gibt in die kochende Milch das Grießmehl.
Alles zu einer steifen Creme kochen, die
man mit dem Eigelb vermischt und unter die
man das zu Schnee geschlagene Eiweiß
zieht.
In der Zwischenzeit hat man die ausgestein-
ten Kirschen mit Zucker, abgeriebener
Zitronenschale und dem Weißwein gekocht
und in Glasschalen gefüllt.
Zuletzt gibt man die Creme über die Früchte
und läßt den Pudding erkalten.

Grießmehlpudding

1/2 l Milch
1/2 l Wasser
125 g Grießmehl
1 Prise Salz
1 Eßlöffel Zucker
1 Ei

Milch und Wasser zum Kochen bringen, und unter ständigem Rühren das Grießmehl, Salz und Zucker zugeben. Wenn die Masse zu einem dicken Brei geworden ist, verrührt man das Ei und gibt es ebenfalls unter stetem Rühren unter die Speise. Bevor der Pudding in eine Form geschüttet wird, spült man diese mit kaltem Wasser aus. Der Pudding läßt sich dann gut stürzen. Grießmehlpudding kann sehr gut mit gedünstetem Obst oder Kompott gereicht werden.

Reisplätzchen als Nachtisch

1/2 l Milch
1/2 l Wasser
250 g Reis
1 Ei
Zucker, Zimt nach Geschmack
1 Prise Salz
1 Päckchen Backpulver
125 g Rosinen
Fett

Wasser und Milch läßt man kochen und gibt den Reis in die kochende Flüssigkeit. Dann verrührt man Ei, Zucker, Zimt, Salz und Backpulver mit der Flüssigkeit und gibt zuletzt die gewaschenen und abgetropften Rosinen dazu. Dann backt man kleine runde Bällchen in viel heißem Fett und reicht die Plätzchen mit Vanillesoße zu Tisch.

Pudding aus saurer Milch

1/2 l saure Milch
200 g Zucker
Saft einer Zitrone
12–14 g rote Gelatine

Man verrührt die saure Milch mit dem Zucker, dem Zitronensaft und der im warmen Wasserbad aufgelösten Gelatine und füllt den Pudding in eine ausgespülte Form. Vor dem Stürzen hält man die Form einen Augenblick in heißes Wasser, damit er sich gut löst. Dazu reicht man Vanillesoße.

Vanillepudding

1 l Milch
1 Ei
1 Vanilleschote
4 Eßlöffel Zucker
4 Eßlöffel Kartoffelmehl

Milch, Zucker und Vanilleschote werden zum Kochen aufgesetzt. Eigelb und Stärkemehl verrührt man mit etwas Milch, gibt die Masse unter Rühren in die kochende Milch und läßt alles noch einmal aufkochen. Dann nimmt man den Topf vom Feuer, die Vanilleschote aus dem Pudding und hebt zuletzt den Eischnee unter.

Vanillesoße (1)

1/2 l Milch
1 Vanillestange
50 g Zucker
1 Prise Salz
5 g Kartoffelmehl
2 Eigelb

Die Milch wird mit der Vanillestange, dem Zucker und der Prise Salz zum Kochen gebracht. Das Kartoffelmehl verrührt man mit etwas kalter Milch und gibt es in die kochende Milch. Aufkochen lassen! Man nimmt die Soße vom Feuer und zieht sie mit dem verquirlten Ei ab.
Erkalten lassen!

Vanillesoße (2)

2–3 Eigelb
1 Tasse Milch
Zucker nach Geschmack
1 Vanillestange

Die Zutaten werden im Wasserbad auf dem Feuer geschlagen und erhitzt. Nicht kochen lassen!

Schokoladenpudding

1 l Milch
1 Ei
2 Eßlöffel Kakao
4 Eßlöffel Zucker
4 Eßlöffel Stärkemehl
1 Vanilleschote

Milch, Zucker und Vanilleschote zum Kochen bringen. Dann wird der Kakao unter Rühren hinzugegeben. Eidotter und Stärkemehl werden mit etwas Milch verrührt und ebenfalls in die kochende Milch gegeben. Die Masse nochmals aufkochen lassen. Nachdem man den Topf von dem Feuer genommen hat, wird der Eischnee untergehoben.

Käsegerichte

Weißer Käse

Einzige Zutat:
Fettreiche Milch

Die Herstellung dieses Gerichtes können Sie in dem volkskundlichen Teil nachlesen.

Gerührter Käse (süß)

500 g Quark (oder Klatschkäse)
1/4 l Milch
Zucker

Der Quark wird mit der Milch glattgerührt und mit Zucker abgeschmeckt. Der „Gerührte Käse" wurde zu Roggenbrot oder Bratkartoffeln gegessen.

Gerührter Käse (würzig)

500 g Quark
1/4 l Milch
Kümmel
Salz
Pfeffer
Zwiebel
Schnittlauch

Der Quark wird mit der Milch glattgerührt und mit den genannten Gewürzen (wahlweise) abgeschmeckt. Der „Gerührte Käse" wurde zu Roggenbrot oder Bratkartoffeln gegessen.

Handkäse

Klatschkäse
Salz, Kümmel, Pfeffer
gemahlene Nelken
Safran

Die Herstellung, die nur bedingt zur Nachahmung empfohlen werden kann, wird im volkskundlichen Teil beschrieben.

Anekdoten vom
Essen im Bergischen Land

Der sparsame Bauernwirt

Bei einem Bauernwirt im Oberbergischen kehrte ein Fremder ein, um zur Mittagszeit zu speisen. Die Wirtsfrau tischte gut auf, und der Gast war mehr als zufrieden.

Nach dem Essen verweilte er noch bei einem Glas Bier und plauderte mit dem Wirt. Dabei bat er ihn um einen Zahnstocher. „Dä henn eck keenen", sagte der Wirt, „seid eck sei, datt de Lüü dä futtschmieten, wannsese jebrucht hennt un nich wier innett Düppchen daunt, wose drinn wooren, koope eck keene meh."[1]

[1] Da habe ich keinen, seit ich gesehen habe, daß die Leute die fortwerfen, wenn sie sie gebraucht haben und nicht wieder in das Töpfchen geben, wo sie drin waren, kaufe ich keine mehr.

Das Mittagsmahl im Hotel

Seit der Zeit, da Karl die Schule verlassen hatte, arbeitete er auf dem Hof seines Vaters. Er schaffte von morgens bis abends und sonntags und wochentags.

Mehr als seinen Heimatort und die nächste Umgebung hatte er noch nicht kennengelernt. Eines Tages sah der Vater in der Zeitung die Ankündigung einer Landwirtschafts-Ausstellung in Köln und trug seinem Sohn auf, dorthin zu fahren: „Doo fööraste enns henn un besüüs dr de Diere."[1]

Karl fuhr nach Köln, besuchte die Ausstellung und meinte: „Angere Diere, ass vie tee Heeme hennt, süht me hie uck nich."[2] Er machte sich daher auf, um den Dom zu besichtigen und danach seinen Hunger zu stillen. Dazu kehrte er in einem feudalen Kölner Hotel ein, nahm Platz und ließ sich vom Kellner nach seinen Wünschen fragen: „Brennge ett mie en dick Stück Fleesch, ne Schöttel met Erpel un en Pott voll Schloot mett vell Ziepelsboosen un vell Schmand."[3] Der Ober verstand kein Wort, glaubte aber, daß sein Gast das Tagesmenü gemeint habe, zu dem eine Schale mit Salat gehörte. Als der Ober die Glasschale mit Salat vorab servierte, sah ihn der Karl an und meinte:

„Wemme soo wennije Spierchen Schloot innem Water süht, kamme seck chudd uträäknen, watt ett verdeinen, süss künntet ett nich midden in dr Wääke mett soom chudden, schwatten Anzug rumm loopen."[4]

[1] Da fährst du einmal hin und besiehst dir die Tiere.
[2] Andere Tiere, als wir zu Hause haben, sieht man hier auch nicht.
[3] Bringen Sie mir ein Stück Fleisch, eine Schüssel mit Kartoffeln und einen Topf voll Salat mit viel Zwiebeln und viel Rahm.
[4] Wenn man so wenig Salat in dem Wasser sieht, kann man sich ausrechnen, was Sie verdienen, sonst könnten Sie nicht mitten in der Woche mit einem guten, schwarzen Anzug herumlaufen.

Verbotener Bohnenkaffee

Settchen trank für ihr Leben gerne ‚en chot Köppchen Kaffe‘[1] – morgens, nachmittags und abends. Dafür brachte sie fast alle Eier und Bauernbutter in den Laden und tauschte sie gegen Bohnenkaffee und Zucker ein. Wenn die ‚Butter- und Eierfrau‘ kam, hatte sie oft nichts mehr und ihr Verdienst war verloren. „Du ahl Kaffemöhn, heste we’er so vill Kaffe jechollen on de Botter on Eier van dr chanzen Woche en dn Laden jedrähn? Jetz hört die Kaffesufere’i awwer opp! Mr behalen joo keenen Penneng em Hus!"[2] schimpfte der Bauer.

Als aber der Bauer aufs Feld gegangen war, ließ Settchen von dem Mädchen Kaffee holen und sagte dann: „Doh flott dressig Bo’enen ob de Mü’el on schäppe chätt Schmand van dr Mellich em Döppen."[3] Der gute Kaffeeduft zog durchs ganze Haus. Die Aufregung war groß als das Mädchen plötzlich den Bauern zurückkommen sah. Da wurde die Frau emsig und sagte verdrießlich: „Doh flott en ahlen Schoh en dn O’ewen, datt dr Papa dn Kaffejeroch nett merkt! Ett es doch chätt jedohn, datt mr nett een Pöttchen Kaffe en Roh drenken kann."[4]

[1] ein gutes Tässchen Kaffee
[2] Du alte Kaffeetante, hast du wieder soviel Kaffee gekauft und die Butter und die Eier von der ganzen Woche in den Laden getragen? Jetzt hört die Kaffeesauferei aber auf! Wir behalten ja keinen Pfennig im Haus!
[3] Tue schnell dreißig Bohnen in die Mühle und schöpfe etwas Rahm von der Milch im Topf.
[4] Tue schnell einen alten Schuh in den Ofen, damit der Papa den Kaffeegeruch nicht merkt! Es ist doch was getan, daß man nicht ein Töpfchen Kaffee in Ruhe trinken kann.

Die versalzene Erbsensuppe

Während ein Schuhmacher in der Wohnstube eines Bauern saß und Schuhe reparierte, machte sich die Frau des Bauern an dem Vorderofen des hohen, runden Stubenofens zu schaffen. Sie hatte einen Kessel mit Erbsensuppe aufgesetzt und warf eine Handvoll Salz in die Suppe. Dann ging sie und melkte die Kühe. In der Zeit kam das Mädchen und salzte die Suppe noch einmal. „Off dann hie jeder salze moß, dä metißt?"[1] fragte sich der Schuhmacher, ging an den Salztopf und gab noch zwei Hände voll in die Suppe.

Beim Mittagessen setzte sich die ganze Familie und der Schuhmacher um den großen Topf auf dem Tisch, und alle löffelten gemeinsam daraus. Als sie die Suppe probiert hatten, zogen alle fürchterliche Grimassen, nur der Schuhmacher schmunzelte und sagte zu dem Mädchen: „Ja, ech soh, du hes jesalzt, on do däächt ech, hie mößt jeder selwer salzen. Do hann ech noch en Chößel drenjewoerpen."[2]

[1] Ob denn hier jeder salzen muß, der mitißt.
[2] Ja, ich sah, du hast gesalzen, und da dachte ich, hier müßte jeder selber salzen. Da habe ich noch eine Schüssel hineingeworfen.

Die gute Buttermilchsuppe

Ein Mann aus Bruch kam eines Sonntagabends spät aus der Wirtschaft heim. Der Mann hatte einen solchen Heißhunger, daß er noch Feuer anmachte und im Schrank nach Essen suchte. Aber er fand nichts. Doch auf dem Tisch stand ein Steintopf mit einem Teller zugedeckt. Er sah sich das an, nahm den Topf in beide Hände und trank die Suppe aus. Dann ging auch er zu Bett.

„Du ahler Schlüpper, beste endlich do?"[1] schimpfte seine Frau, als ihr Mann das Schlafzimmer betrat. „No schwech stell, ett es och ett letztemol. Du hatts awwer en chot Ke'ernmellichssoppe für mech jekoocht. Die het mr awwer chot jeschmackt",[2] entgegnete der Bauer.

Da rief die Frau verwundert aus: „Mein Chott, du doller Ke'erl! Datt wo'er doch ett Kalwersufen, watt u'es Kallef chestern jeo'ewert hat! Die hann ech ent Döppen jeschott on en Teller dropp jedohn, datt dr Müter nett drahnchohn sohl."[3]

---

[1] Du alter Schlucker, bist du endlich da?

[2] Nun schweig still, es ist auch das letzte Mal. Du hast aber eine gute Buttermilchsuppe für mich gekocht. Die hat mir aber gut geschmeckt.

[3] Mein Gott, du doller Kerl! Das war das Kälbergetränk, was unser Kalb gestern übriggelassen hat! Das habe ich in den Topf geschüttet und einen Teller darauf getan, daß der Kater nicht darangehen soll.

Die leckeren Plattenkuchen

In Spurkenbach lebte einst eine sehr kinderreiche Familie. Es war wieder einmal Nachwuchs angekommen, und am Sonntag sollte Taufe sein. Paten, Patinnen, Nachbarn und Verwandte waren eingeladen. Die Hausfrau hatte Apfel-, Pflaumen- und Streuselkuchen gebacken und auf den Küchentisch gestellt. Der Mann lobte sie: „Lina, do heste awwer chätt Rares für de Muhl jebacken. Met derr vi'elen Burenbotter dren witt datt bestemmt allen chot schmacken."[1]

Am Sonntagmorgen war der Mann schon früh wach, und durch die geöffnete Tür zwischen Küche und Schlafkammer roch er den leckeren Kuchen. Er weckte seine Frau und fragte: „Lina, wivill Uhr ha mr?"[2] Sie sagte: „Hermann, ett seng jo i'ersch fönnef Uhr. Schlofe noch chätt."[3] Vor lauter Heißhunger konnte er nicht mehr einschlafen und weckte seine Frau noch zweimal und fragte nach der Uhrzeit. Ärgerlich murrte Lina: „Ke'erl, no looß mich doch schlofen. Ech hann doch en schwären Daach vü'erm Kopp."[4] Verzweifelt jammerte Hermann: „Ja, ja, wenn dr aarm Mann es chätt Chuddes kre'it, dann well ett nett Daach wären."[5]

Von der Heilkraft der Möhren

Der alte Meister Pitterjupp hatte bei einem Bauern einen ganzen Zentner Möhren bestellt, natürlich Rote Riesen. Dieser brachte sie selbst ans Haus, da er ohnehin aus dem Dorf Kali mitnehmen wollte. – „Ijoh", sagte der Bauer, als er den schweren Sack in den Keller trug, „nu weeß ech och, wäweien ühr esun klooke Jongen hat!"[1] – „Nanu, wäweien dann?"[2] – „Nu jo, no dä Morren soll me jo klook wä'eden!"[3] – „On dat nit alleen, weßder da net, dat die Morren esu joot fü de Ooge sin? Do kammer lang joot noh sinn!"[4] – „Künnt ür dat bewiesen, Pitterjupp?"[5] – „Ävver jeweß, hat ühr dann zicklevvens ald ens e Kning met em Brell jesinn?"[6]

---

[1] Lina, da hast du aber was Vernünftiges zum Essen gebacken. Mit der vielen Bauernbutter darin, wird das bestimmt allen gut schmecken.
[2] Lina, wieviel Uhr haben wir?
[3] Hermann, es ist ja erst fünf Uhr. Schlaf noch was.
[4] Kerl, nun laß mich doch schlafen. Ich habe doch einen schweren Tag vor dem Kopf.
[5] Ja, ja, wenn der arme Mann mal etwas Gutes bekommt, dann will es nicht Tag werden.

[1] Ja, nun weiß ich auch, warum ihr so kluge Jungen habt.
[2] Nanu, warum denn?
[3] Nun ja, nach den Möhren soll man ja klug werden.
[4] Und das nicht allein, wißt ihr denn nicht, daß die Möhren so gut für die Augen sind? Da kann man lange gut nach sehen!
[5] Könnt ihr das beweisen, Pitterjupp?
[6] Aber gewiß, habt ihr denn zeitlebens schon einmal ein Kaninchen mit einer Brille gesehen?

Die Predigt und die Bratwurst

Ein alter Pastor aus Hohkeppel hielt jedesmal, wenn er einen neuen Kaplan bekommen hatte, so eine Art Instruktionsstunde mit ihm ab. Da war einer gekommen, der hatte trotz der besten Belehrungen gleich am ersten Sonntag in der Frühmesse so lange gepredigt, daß die Leute von den entfernten Höfen die Kurve nicht kriegen konnten und allgemein knurrten. Auch dem Pastor wurden diese Klagen durch den Küster hinterbracht. Da nahm er sich den unerfahrenen Konfrater in der Gerkammer vor und sagte: „Jong, du muß dir een Deel joot merke: us Buren han jäen kurte Prädijen on lang Brotwuesch!"[1]

[1] Junge, du mußt dir ein Teil gut merken: unsere Bauern haben gerne kurze Predigten und lange Bratwürste!

Der unerwünschte Eierkuchen

Zum Kummer ihrer ganzen Verwandtschaft litt eine Frau an der unheilbaren Krankheit, die man allgemein unter dem Namen „Kleptomanie" kennt. Da sie einer achtbaren und allgemein geschätzten Familie entstammte, war sie der Schrecken aller Ladenbesitzer, die sie sehr ungern auf das Unrechtmäßige ihres Tuns aufmerksam machten und sich doch andererseits vor Schaden schützen mußten.

Eines Tages beobachtete ein Kaufmann durch den Türspalt des Hinterzimmers, wie die unerwünschte Kundin sein Lebensmittelgeschäft betritt. Da sie sich allein glaubt, greift sie hastig in den Eierkorb und füllt sich die Kleidertaschen mit einigen Eiern. Der Geschäftsmann läßt sie ruhig gewähren, beschließt aber im stillen, ihr eine unvergeßliche Lehre zu erteilen.

Freundlich lächelnd betritt er den Laden, eilt auf die Kundin zu und begrüßt sie mit herzlichem Handschlag. Mit den Worten „Watt säät Ihr jut uus, wat säät Ihr jut uus!"[1] kopft er mit den flachen Händen kräftig auf die prall gefüllten Taschen der überraschten Kundin, die aber verläßt darauf mit hochrotem Kopf fluchtartig den Laden und wurde in diesem Geschäft nie mehr gesehen.

Wer mehr geknickt war, die Eier oder die überraschte Kundin, war leider nicht mehr festzustellen.

[1] Was seht Ihr gut aus, was seht Ihr gut aus!

Frisches Fleisch

Einen alten Bergisch Gladbacher Metzger-meister belästigte einmal eine schon reich-lich angejahrte Kundin mit der gefährlichen Frage, ob es sich auch um frisches Fleisch von einem jungen Tier handele. Darauf gab ihr der biedere Handwerksmeister etwas barsch und unverblümt zur Antwort: „Och, weeßte, et woer esu jett van dingem Alter!"[1]

[1] Ach, weißt du, es war so etwa in deinem Alter!

Scharfer Mostert

Ein oberbergischer Bauer war zum ersten Male in der Stadt und bestellte sich in einer Wirtschaft ein Mittagessen. Er beobachtete, wie die anderen Gäste aus einem Glas, was auf den Tischen stand, immer nur ein bißchen zu ihrem Essen nahmen. Er verstand das nicht und dachte: „Van demm nöüen Zöch ne'emen ech mr awwer en düchtijen Hofen."[1] Er nahm einen großen Löffel von dem Senf, fing laut an zu husten und zu niesen, und die Augen gingen ihm über. Gequält rief er: „Herr Chott, behöt de O'en! Nas on Mongd, die seng alt drzo jechangen!"[2]

[1] Von dem neuen Zeug nehme ich aber eine tüchtige Portion.
[2] Herr Gott, behüte die Augen, Nase und Mund sind schon verloren.

Einwecken

Die Klasse der „I-Krätzer" lauschte gespannt der Erzählung des Religionslehrers vom Paradies und den ersten Menschen. Der junge Kaplan wußte den Kleinen die Schönheiten des Gartens Eden in so leuchtenden Farben darzustellen, daß die Buben und Mädchen ihm in voller Aufmerksamkeit folgten. Ihr besonderes Interesse fand die Sache mit dem Baum der Erkenntnis inmitten des Paradieses, von dessen süßen Früchten Adam und Eva nach Gottes strengem Gebot nicht essen durften.

Als aber der Herr Kaplan nun die Frage stellte, warum wohl Gott den ersten Menschen verboten habe, von den schönen Früchten des berühmten Baumes zu essen, da breitete sich zunächst ein verlegenes Schweigen in der Klasse aus. Schließlich kam doch auf das Drängen des geistlichen Herrn in der letzten Bank schüchtern und zaghaft ein Händchen hoch.

„Nun, Mariechen, was denkst Du, warum Gott wohl den ersten Menschen verboten hat, von den Äpfeln zu essen?" ermunterte er die Kleine.

„Die wollen Gottes sicher einmachen", war die Antwort.

Ein großzügiger Gastwirt

Zu einer Zeit, als das Oberbergische noch unberührt war vom großen Strom des Fremdenverkehrs, kehrten zwei Wanderer in der einzigen Gastwirtschaft eines kleinen bergischen Örtchens ein und bestellten ein Mittagessen. Der Wirt war mehr als erstaunt, ein Mittagessen hatte noch nie jemand bestellt. Die Dorfbewohner tranken ihr Schnäpschen, auch einmal ein Bier, aber gegessen hatte noch keiner bei ihm. So kratzte der Wirt sich lange hinter dem rechten Ohr, als ob ihm von dort eine Erleuchtung kommen könnte. Schließlich sagte er zu den Wanderern, daß er zwar nicht mit einem Mittagessen aufwarten könne, aber doch die Möglichkeit habe, ihren Hunger zu stillen. Die beiden Wanderer nickten zustimmend, und der Wirt ließ selbstgebackenes Brot, Schinken aus dem Rauchfang und selbstgekirnte Butter auffahren. Mit sichtlichem Behagen genossen die Fremden. Als sie ihre Wanderung fortsetzen wollten und nach der Zeche fragten, rieb sich der Wirt erneut hinter dem rechten Ohr. Schließlich sagte er zu ihnen: „Watt sall eck ink dann nu affnemmen? Braud backen vie selwst, schlachten daun vie selwst un de Botter kieren vie uck selwst. Jerwen ett mie twee Jroschen förr denn Mostert, denn mäuten vie nämlich selwer koopen."[1]

[1] Was soll ich euch nun abnehmen? Brot backen wir selbst, schlachten tun wir selbst und die Butter kirnen wir auch selbst. Gebt mir zwei Groschen für den Senf, den müssen wir nämlich selber kaufen."

Die Müsterchen

Ein Mann aus Wiedenest hatte in Köln Besorgungen gemacht und wollte mit dem letzten Zug nach Hause fahren. Als er am Bahnhof angelangt war, verspürte er großen Hunger. In den sieben Minuten bis zur Abfahrt wollte er schnell noch etwas essen. Er ging in die Wirtschaft, rief den Ober und sagte: „Hie, häste 5 Mark, breng mie flott wat, mien Zug föhrt in 7 Minuten."[1]
Der Kellner beeilte sich, kam kurz darauf mit mehreren Tellern zurück und stellte sie auf den Tisch. Der Wiedenester, der noch nie eine Schwedenplatte gesehen hatte, besah sich erstaunt das Gedeck mit den vielen kleinen Sachen, rief den Kellner und fuhr ihn an: „Hör enns, wann du mie nich baale wat te Frääten brengs, dann fräät eck die dei chanzen Müsterchen op!"[2]

[1] Hier, hast du 5 Mark, bring mir schnell was, mein Zug fährt in 7 Minuten.
[2] Hör mal, wenn du mir nicht bald was zum Fressen bringst, dann freß ich dir deine ganzen Müsterchen auf.

Wahre Sparsamkeit

Eine Hausfrau kommt zur Nachbarin, welche ein Lebensmittelgeschäft hat, und sagt: „Lina, eck häwwe Besäuk jekrieen. Würdesch du mie wall Zwiebäcke lehnen?"[1]
„Siaker dat",[2] war die Antwort. Zufrieden trug die Frau in ihrer hochgerafften Schürze die Zwiebäcke nach Hause.
Nach einer Stunde erscheint sie wieder mit hochgeraffter Schürze und sagt: „Lina, noähmes du twee van denn Zwiebäcken wall wier terüjje? Dei Besäuk woar so anständig un hät bloß eenen jejääten!"[3]

[1] Lina, ich habe Besuch bekommen. Würdest du mir wohl Zwiebäcke leihen?
[2] Sicher das.
[3] Lina, nimmst du zwei von den Zwiebäcken wohl wieder zurück? Der Besuch war so anständig und hat bloß einen gegessen.

Miese Stimmung

Hugos Frau aus dem Brink war eine selbst-bewußte Person. Sie konnte, wenn es sein mußte, ihren Unmut mit „sehr spitzer Zun-ge" anbringen. Demgegenüber war Hugo ein ruhiger, arbeitssamer Mann, der eigentlich nicht leicht aus der Ruhe zu bringen war.

Eines Tages, wer weiß warum, stand das „Barometer" im Haus auf Sturm, der sich bis zur Mittagszeit zum Orkan entwickelte. Das Fleisch war angebrannt, das Gemüse arg versalzen und die Kartoffeln zu Brei gekocht. Als der Hugo sinnend auf seinen gefüllten Teller schaute und in Anbetracht der allge-meinen Stimmung so recht nicht wußte, war er sagen sollte, meinte seine Frau spitzfindig: „So watt häste lange nicht jejetten, watt?"[1] Das war nun selbst dem Hugo zuviel. Er machte sich auf seine Weise Luft, indem er das Fleisch vom Teller nahm und zum Fenster hinauswarf. Das versalzene Gemüse und die breiigen Kartoffeln warf die Frau hinterher. Da sagte Hugo ganz verdutzt: „Watt sall datt dann?"[2] Worauf die Frau fau-chend erwiderte: „Eck noom aan, mien Hujo wüllte druten em Charen etten."[3]

Falscher Hase

Clärchen wollte heiraten und war daher bestrebt, bis zu diesem Zeitpunkt von der Mutter die Kochkunst zu erlernen. Wie alle am Küchenherd tätigen Personen, hatte auch Clärchens Mutter ein Gericht, welches sie besonders liebte und daher gerne und oft herrichtete, falschen Hasen. Kein Wunder, daß schließlich auch Clärchen die Zunei-gung zu diesem nicht zu verachtenden Gaumenschmaus fand.

Clärchen und ihr Ernst hatten geheiratet und führten nun schon seit vielen Wochen eine glückliche und zufriedene Ehe. Dazu trug nicht zuletzt das von der Mutter er-lernte Kochen bei.

Als der Ernst aber in jeder Woche zweimal, und das nun schon seit über einem Viertel-jahr, falschen Hasen vorgesetzt bekam, sagte er dann doch eines Tages zu seiner Frau: „Eck well jo öwwer datt, watt du kochs', nix sään, awwer frooren maut eck dick doch enns, opp de falschen Hasen nich uck enns Schontiet hennt?"[1]

---

[1] So etwas hast du lange nicht gegessen, was?
[2] Was soll das denn?
[3] Ich nahm an, mein Hugo wollte draußen im Garten essen.

[1] Ich will ja über das, was du kochst, nichts sagen, aber fragen muß ich dich doch einmal, ob die falschen Hasen nicht auch einmal Schonzeit haben?

Die „Kiawekes"

Kiawekes. – So werden auf der Hohen Bel-
micke die kleinen Ferkel genannt. In der
schlechten Zeit nach dem Kriege hatte ein
Bauer, dessen Grundstück von dem des
Pfarrhauses nur durch einen niedrigen Zaun
getrennt war, Kiawekes gezüchtet, und es
fehlte nicht an Fleisch im Hause. Das fand
Hochwürden trefflich, und der Bauer riet
ihm, auch ein „Kiaweken" anzuschaffen.
Hochwürden wurde einsichtig, und bald

grunzte es um das Pfarrhaus wie um das
Haus des Nachbarn.
Als sich eines Tages der Nachbar nach dem
„Kiaweken" erkundigte, sagte ihm Hochwürden: „Was glauben Sie denn, wie das
springt, wenn ich ihm ein Tellerchen voll zu
fressen bringe. Beinahe über den Zaun!"
„Dat freuet mick, Hochwürden, awwer,
künnten it demm Kiaweken dann nich enns
en chrötteren Teller te friäten brengen?"[1]

[1] Das freut mich, Hochwürden, aber, könnten Sie dem
kleinen Ferkel nicht einmal einen größeren Teller zum
Fressen bringen?

Kalter Pudding

Als ein Bauernjunge zum ersten Male nach Köln fuhr, traf er auf der Straße einen ehemaligen Nachbarsjungen, den er Jahre nicht mehr gesehen hatte. Der Nachbar hatte studiert und war Amtsrichter geworden. Um das Wiedersehen gebührend zu feiern, lud er den Bauernjungen zum Essen ein: „Datt mosse mr fieren. Du bes hüt mengen Chast. Mr chon en ett beste Hotel on bestellen u'es chätt Chuddes vür de Muhl."[1] Er bestellte das beste Essen. Zum Nachtisch wurden zwei Eisbällchen serviert. Der Bauernjunge, dem diese Delikatesse fremd war, steckte die Eisbällchen ganz in den Mund, schnitt eine Fratze und rief: „Chotts verdammt, watt es hie en Köllen dr Puddeng kalt."[2]

[1] Das müssen wir feiern. Du bist heute mein Gast. Wir gehen in das beste Hotel und bestellen uns etwas Gutes zum Essen.
[2] Gott verdammt, was ist hier in Köln der Pudding kalt.

Die Meerrettichsoße

Hungrig von der Arbeit kam der Bauer nach Hause. Der Tisch war gedeckt und gleich machte er sich über das Essen her. Die Bäuerin hatte sich heute etwas einfallen lassen. Zu dem Suppenfleisch gab es nicht wie üblich Apfelkompott, sondern eine warme Meerrettichsoße. Die etwas bräunliche Soße täuschte den Bauer. Im Glauben Apfelkompott zu bekommen, nahm er einen übervollen Löffel. Seine Augen liefen über und mit einem jammervollen Klagen stieß er aus: „Chro'eß mr Frau on Kenger, ich versche'en."[1]

[1] Grüß mir Frau und Kinder, ich sterbe.

Die weiße Weste

Im Lieberhauser Raum lebte ein Schneidermeister, der dafür bekannt war, stets eine blütenweiße Weste zu tragen. Vor allem seine Frau war stolz auf dieses schicke Kleidungsstück und sorgte sich bei jeder Mahlzeit, daß es Schaden nehmen könnte. An einem Sonntagabend, es gab gerade Waldbeerpfannekuchen, ließ sie zum unzähligsten Male ihre Ermahnung hören, der Mann solle auf seine weiße Weste aufpassen. Da platzte dem geduldigen Ehemann der Kragen. Er nahm den Teller, und während er den Teller mit jedem Wort fest an seine Brust preßte, schrie er: „Ek kann met miner witten Weste maken wat ek well."[1]

[1] Ich kann mit meiner weißen Weste machen was ich will.

Die bezahlte „Bergische Kaffeetafel"

In einem Lokal im Bergischen war auch schon zu früheren Zeiten die Bergische Kaffeetafel eine Attraktion. Bezahlt wurde pro Person; gedeckt wurde reichlich. Eines Tages hatte sich eine kinderreiche Familie im Gasthof eingefunden und auch tüchtig von der Kaffeetafel gegessen. Als keiner auch nur noch einen Happen herunterbekam, begann die Mutter alles vom Tisch zu nehmen und packte es in die mitgebrachte Tasche. Der Wirt schaute sich das an und belehrte die Familie, daß das wohl nicht üblich sei. Die Frau aber sagte nur, sie habe schließlich alles bezahlt. Darauf nahm der einsichtige Gastwirt die Kaffeekanne und schüttete den Rest Kaffee zu den anderen Sachen in die Tasche mit den Worten: „Dat hat er uch bezahlt."[1]

[1] Das habt ihr auch bezahlt.

Einiges Wissenswerte

über das bäuerliche Leben

und die Bergische Küche

Die Bergische Kaffeetafel

Die „Bergische Kaffeetafel", die heute eine Attraktion für den Fremdenverkehr ist, war schon früher ein festliches Kaffeetrinken. In der Mundart wird sie als „Kaffeedrenken met allem dröm on dran" bezeichnet. Was „dröm on dran" beinhaltete, das hing von der historischen und von der familiären Situation ab. Die Reichhaltigkeit, die wir heute auf der Bergischen Kaffeetafel finden, war früher allenfalls in begüterten Familien üblich. In armen bäuerlichen Familien war man schon mit weniger zufrieden. Was allen Schichten der Bevölkerung gemein war, ist der Wert, den man der häuslichen Tischgemeinschaft beimaß. Dieses Fluidum von familiärer Gemütlichkeit hat die „Bergische Kaffeetafel" bis in die Gegenwart gewahrt, denn wer tafelt schon allein oder gar im Stehen. Man läßt sich also Zeit und genießt in der Gemeinschaft.

Irreführend ist es, von „der" Bergischen Kaffeetafel zu sprechen. Man vergißt die vielen Varianten, die sie in den verschiedenen Bereichen des Bergischen oder in den verschiedenen Bevölkerungsschichten erhielt. Die bekannteste Zusammenstellung für eine „Bergische Kaffeetafel" sieht folgendermaßen aus: Auf einem mit Zwiebelmuster-Porzellan gedeckten Tisch, auf dem in der Mitte eine Dröppelminna herausragt, befinden sich Waffeln, Korinthenweißbrot, Milchreisbrei, Bauernbutter, Quark, Roggenbrot, Zucker und Zimt und Apfel- oder Birnenkraut (siehe Zeichnung S. 14). Damit weist sie alle Leckerbissen gemeinsam auf, die die bäuerliche Eigenwirtschaft zu bieten vermochte.

Angereichert wurde die Kaffeetafel, das war aber schon Luxus, durch festen Kuchen, Brezeln, Zwieback, Eierkuchen und vor allem zu Fastnacht und Neujahr durch Muzen und Bomböschen (Ballbäusken). Als Brotaufstrich tauchten vereinzelt auch Honig oder Hartkäse auf.

Die Bergische Kaffeetafel ist eine historische Kundgebung, denn jeder ihrer Bestandteile ist ein Hinweiszeichen auf die Lebensgewohnheiten und die Lebensbedingungen unserer bergischen Groß- und Urgroßeltern. Betrachten wir sie einmal der Reihe nach.

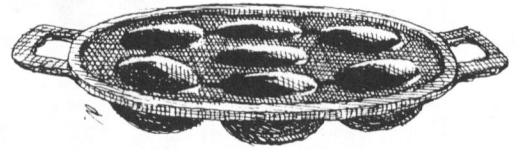

Bomböschenpfanne

Dröppelminna

Dröppelminna

Bereits vor Lebzeiten unserer Urgroßeltern gelangte die bauchige birnenförmige Kanne aus Zinn, die mit einem Kränchen versehen ist und auf drei Füßen steht, von Holland nach Deutschland. Durch die zahlreichen Handelsbeziehungen zwischen bergischen Handwerksbetrieben und Holland fand sie vermutlich im 18. Jahrhundert ihren Weg ins Bergische und wurde in die Produktion der Zinngießer übernommen. Ihre große Verbreitung ließ ihre Herkunft immer mehr in Vergessenheit geraten. Auch Holland ist nicht das wahre Herkunftsland dieses wesentlichsten Requisits der Kaffeetafel. Durch Seefahrer, so wird berichtet, sei die „Dröppelminna" aus dem fernen Osten eingeführt worden. Seefahrer hatten den Samowar, in dem Teewasser heiß gehalten wurde, in Rußland kennengelernt.

Der aussagekräftige Name „Dröppelminna" erschließt sich jedem, der eine alte Dröppelminna in Gebrauch erlebt. Der kleine Ausguß der Kanne setzt sich sehr schnell mit Kaffeesatz zu und läßt den Kaffee nur „dröppelnd" aus dem Kränchen fließen. Der in jüngeren Dröppelminnas befindliche Kaffeefilter vermeidet das Verstopfen des Kränchens. Angeblich soll aber der Name noch immer seine Berechtigung besitzen, da das Kränchen nicht immer ganz dicht schließt.

Alte Kaffeemühle

Bis Mitte des vergangenen Jahrhunderts wurde der Weizen nur in geringem Maße angebaut, darum wurden die Waffeln meist aus Hafermehl hergestellt. Die aus Hafermehl, Wasser und Zucker oder Kraut und manchmal Eiern bereiteten Waffeln wurden zunächst in zangenartigen Eisen im offenen Herdfeuer gebacken. Während des 19. Jahrhunderts kam das Wendewaffeleisen (siehe Zeichnung) auf. Nicht nur die Zubereitungsart wandelte sich – auch die Zutaten. Als in der zweiten Hälfte des 19. Jahrhunderts der Weizenanbau zunahm, verdrängten die besseren Weizenmehlwaffeln zunehmend die ursprünglich üblichen Hafermehlwaffeln.

Kaffee

Der Kaffee kam wie die dafür vorgesehene Kanne ebenfalls aus Holland und wurde zunächst nur in begüterten Familien genossen. Weniger wohlhabende kannten ihn nur an hohen Feiertagen und ersetzten ihn sonst durch den meist aus gebranntem Roggen- oder Gerstenmalz hergestellten Muckefuck. Mit zunehmendem Wohlstand eroberte sich der Kaffee seinen Platz auf der Bergischen Kaffeetafel.

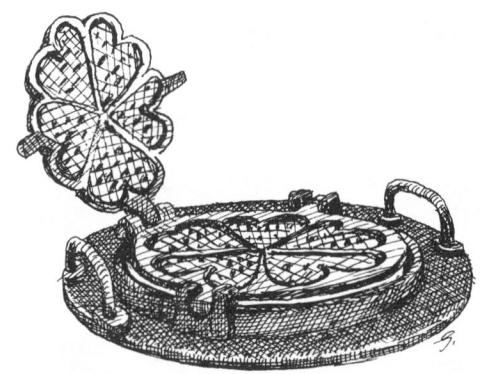

Wendewaffeleisen

Milchreis

Außer Kaffee und Dröppelminna verdanken unsere Vorfahren eine weitere Zutat der Bergischen Kaffeetafel, den Milchreis, den regen Handelsbeziehungen zu Holland. Zunächst galt auch der Reis als Luxusartikel. Er wurde aber im Verlaufe des 19. Jahrhunderts zu einem gebräuchlichen Lebensmittel in allen Haushalten.

Der Milchreis wurde mit Zucker und Zimt bestreut auf die Waffel gegeben. Die in der Mitte zusammengeschlagene Waffel wurde aus der Hand gegessen.

Auch für den auf der Kaffeetafel befindlichen Rosinen- oder Korinthenplatz galt der Milchreis als köstlicher Brotaufstrich.

Brot

Das Brot läßt in mehrfacher Weise einen Wandel in den Eßgewohnheiten sichtbar werden. Anfang des 19. Jahrhunderts war noch ein Mischbrot aus Roggen- und Hafermehl üblich. Der zunehmende Weizenanbau ließ das Weißbrot als üblichen Bestandteil erst aufkommen. Während des 19. Jahrhunderts wurde in ländlichen Gegenden das Brot von allen Bauern selbst gebacken. Erst im 20. Jahrhundert gaben die Bauern nach und nach das Backen im eigenen Haushalt auf.

Brotaufstrich

Auch als Brotaufstrich dienten aus der bäuerlichen Eigenwirtschaft hervorgehende Produkte. Die mühevollen Verfahren zur Herstellung von Bauernbutter, Weißem Käse und Apfel-, Birnen- oder Rübenkraut können Sie im folgenden Kapitel nachlesen. Die Geschichte zeigt auch hier die Abwendung von der Eigenwirtschaft, denn nach 1900 kamen Molkereien auf und übernahmen zunächst teilweise die Herstellung von Butter und Käse. Auch die bereits vorher bestehenden Krautpatschen wurden von der Jahrhundertwende an zunehmend in Anspruch genommen.

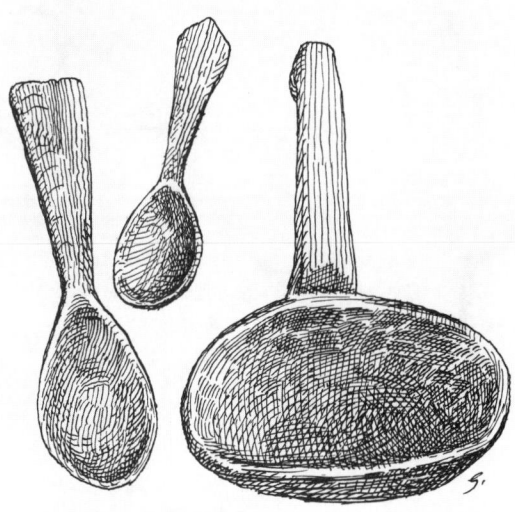

Alte hölzerne Löffel

Bäuerliche Eigenwirtschaft 1850–1930

Wenn von der guten alten Zeit die Rede ist, tauchen Vorstellungen auf, die die harte Arbeit vergessen lassen, durch die der Alltag unserer Urgroß- und Großeltern geprägt war. Für das tägliche Essen wurde selbst gesorgt – keine Möglichkeit, durch einen Griff in ein vollbeladenes Verkaufsregal die Mahlzeit für die Familie sicherzustellen. Mühevolle Verfahren waren notwendig, um die Hauptnahrungsmittel des Berichtszeitraumes, Brot, Butter, Quark, Kraut, herzustellen und den Bedarf an Kartoffeln und Gemüse für das Jahr zu decken.

Jeder mußte seinen Beitrag in dem Bauernhaushalt an körperlichem Einsatz leisten. So gab es viele Hungrige zu sättigen. Die Mahlzeiten bestanden darum meist aus billigen, gut sättigenden Gerichten: Hafermehlsuppe, Hafermehlwaffeln, die sich auf einer weidengeflochtenen Küchenschüssel stapelten; Buchweizenpfannkuchen; Haferbrei, der zum Teil mit getrocknetem Obst angereichert wurde und aus einem großen Topf in der Mitte des Tisches gelöffelt wurde, und verschiedene Kartoffelgerichte.

Einen Wandel der Gerichte und der Eßsitten vollzog sich nach den beiden Weltkriegen. Die Gründe für diese Veränderungen, die auch in der ländlichen Bevölkerung eine Abkehr von der Eigenwirtschaft bedeuteten, zählt der Heimatforscher Otto Kaufmann auf. Er nennt folgende Sachverhalte: Einbruch der Industrie in den ländlichen Raum, bessere Arbeits- und Lebensbedingungen, wachsender Wohlstand, Schwund der Raps- und Buchweizenkultur,

Anbau von Weizen, Bau von Molkereien nach 1900, Einstellung des Brotbackens im eigenen Haushalt, größere Angebote in Lebensmittelgeschäften, Bäckereien und Metzgereien.

Die verschiedenen Methoden zur Herstellung der gebräuchlichsten Nahrungsmittel des ausgehenden 19. und beginnenden 20. Jahrhunderts sollen im folgenden geschildert werden.

Das Brotbacken:

Bis ins frühe 20. Jahrhundert wurde nur geringfügig Weizen angebaut. Wenn ein Bauer alle drei bis vier Wochen für seine Familie 12 bis 20 Brote backte, dann handelte es sich vorwiegend um Mischbrote aus Roggen- und Hafermehl. Reine Roggenbrote aus geschrotetem Roggenmehl wurden auch gebacken, waren aber teurer als die Mischbrote. Reine Weizenbrote waren den Feiertagen vorbehalten. Das ist nicht verwunderlich, wenn man bedenkt, daß ein Pfund Weizenmehl vom Preis her dem Tageslohn eines Bauern bei freier Kost entsprach. Brote aus nur Hafermehl wurden ausschließlich in Notzeiten gebacken. Sie wurden leicht rissig und waren feucht-klebrig, so daß es schwierig war, die Brote aus dem Backofen zu bekommen. Hätten wir Gelegenheit, einem Bauern aus dem 19. Jahrhundert beim Brotbacken zuzuschauen, könnten wir zuerst beobachten, daß er das Korn für das nächste Backen abmißt. Er lädt es auf die Schubkarre oder auf einen Fahrradkarren, vielleicht auch in einen großen Korb, den er auf dem Kopf tragen will, und transportiert das Korn zur Mühle. Während er mit anderen Bauern in der Mühle auf das Mehl wartet, vertreibt

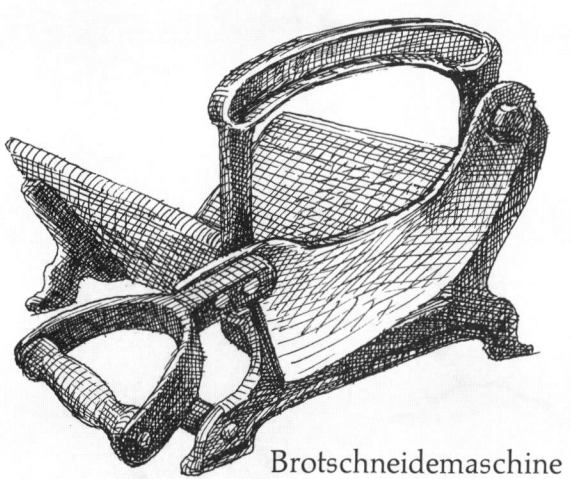

Brotschneidemaschine

er sich mit dem Kartenspiel die Zeit. Dann trägt er das Mehl wieder heim und schüttet es in den Backtrog neben dem Stubenofen. Den Sauerteig, den er vom vorigen Backen aufgehoben und im Keller gelagert hat, holt er nun und rührt ihn mit einem Teil des Mehles und lauwarmem Wasser zu einem steifen Brei. Während der Nacht läßt er den Teig gehen und gibt bei ausreichender Gärung am nächsten Morgen erneut lauwarmes Wasser zu. Bis auf das Wirkmehl wird dann das ganze Mehl mit dem Brei verknetet. Bei der enorm großen Menge strengt ihn das ungeheuer an. Darum bedient er sich auch der Füße. Die Deckenbalken dienen ihm dazu, sich festzuhalten. Das Kneten mit den Füßen strengt ihn weniger an und ist zeitsparender. Wenn er mit den Füßen knetet, dauert es nur etwa eine halbe Stunde, während er für das Kneten mit den Händen mindestens dreiviertel Stunde braucht.

Dann läßt er den Teig nochmals gehen und knetet danach kleine Teigportionen kräftig durch, formt sie zu Broten von länglich, kantiger Form und läßt sie auf dem langen Brotbrett wieder ruhen. Je länger er das Brot liegen läßt, desto säuerlicher wurde der Geschmack. Einem alten Volksglauben folgend wird ein Kreuz in den Teig gedrückt, um die Gärung zu fördern.

Eine Stunde bevor er das Brot in den Backofen gibt, muß er den Backofen anheizen. Der Backofen (Backes) ist meist aus Lehm und befindet sich im Keller (später in einiger Entfernung vom Haus). Die im Freien stehenden gemauerten Backöfen werden von der Nachbarschaft gemeinsam genutzt. Als Heizmaterial dienen ihm Stroh und Buchenscheite. Getrocknetes Buchenholz sichert ihm die beständigste Temperatur. Das fehlende Thermometer ersetzt unser Bauer durch eine Kornähre. Er hält die Kornähre hinein, wird sie schwarz, ist die Temperatur zu hoch. Sobald die Kornähre braun wird, kann er die Brote mit Hilfe des Brotschiebers in den Backofen schieben. Er legt sie schön dicht zusammen, damit sich an den Seiten keine harten Krusten bilden. Nach etwa drei Stunden sind die Schwarzbrote fertig und werden wieder mit dem Brotschieber herausgeholt. Um die Oberseite der Brote glänzend zu bekommen, bestreicht sie der Bauer mit einem Brei aus gesiebtem Roggenmehl und Wasser.

Häufig schiebt der Bauer während des Backens noch Kartoffelbrote in den Backofen und läßt sie einen Teil der Zeit mitbacken. Die frischen, aus dem Backofen genommenen Brote legt der Bauer auf ein freihängendes Brett und bewahrt sie dort bis zum Verzehr auf.

Das Butterkirnen:

Während das Backen meist von den Bauern bewerkstelligt wurde, war es Aufgabe der Bäuerin, die Sauerrahmbutter, den Weißen Käse und den Hartkäse herzustellen.

Für die Butter schöpfte die Bäuerin täglich den Milchrahm ab und sammelte ihn in dem „Schmanddöppen". Etwa einmal in der Woche kam der gesammelte Rahm in die Butterkirne und wurde zu Butter verarbeitet. Bis Ende des vorigen Jahrhunderts war eine Stoßkirne üblich. Durch eine Öffnung im Deckel ragte der Stößer aus dem Behälter heraus. Mit Hilfe des Stößers bewegte die Bäuerin das im Behälter befindliche durchlöcherte Brett und damit auch den Rahm auf und ab. Das wiederholte sie so lange, bis sich die ersten Butterklümpchen am Deckel zeigten. Dafür brauchte sie in der Regel eine halbe bis eine Stunde.

Eine Arbeitserleichterung brachte der Bäuerin das Aufkommen der Drehkirne. Die Drehkirne stellte sie auf einen Tisch oder einen Stuhl und drehte mittels einer Kurbel die in der Kirne befindlichen Holzflügel.

Aus der Kirne gab sie die Butter in eine hölzerne Schüssel und knetete sie durch, damit die letzte Buttermilch herauskam. Dann salzte sie und formte die Butter zu einem länglichen Wecken.

Diese Arbeit war auf allen Höfen bis 1900 üblich. Wegen des besseren Geschmacks der Sauerrahmbutter gegenüber der Molkereibutter hielten es viele Bauern auch bei, als schon die Molkereien ihren Betrieb aufgenommen hatten.

In Notzeiten, als die Butter knapp war, stellten Bäuerinnen eine „Arme-Leute-Butter" her, die im Oberbergischen „Erpelsfritz" hieß. Dazu wurde Kartoffelbrei mit Pfeffer, Salz und Milch verknetet und als Brotaufstrich verwendet.

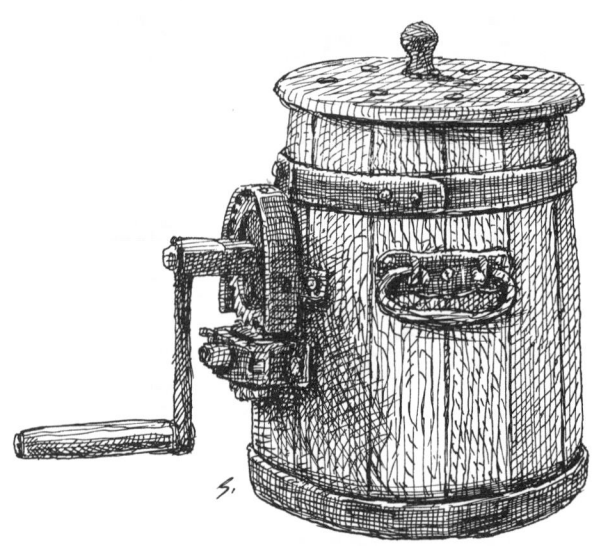

Butterkirne

Krautbereitung:

Die gewaschenen Früchte (Äpfel oder Birnen) wurden in einem kupfernen Kessel mit Wasser bei geschlossenemDeckel mehrere Stunden gekocht. Der Kessel war in einer Böschung eines nahegelegenen Eichen- oder Buchenhochwaldes eingelagert und wurde mit Eichen- oder Buchenholz beheizt. Der entstehende Obstbrei wurde in einer selbsthergestellten Presse (Dräng, Kruttdräng) ausgepreßt. Nach 1900 wurde dieses Verfahren nur noch selten angewandt. Die Mehrzahl der Bauern nutzte die gewerblichen Krautpressen.

Das in Eimerchen im Keller lagernde Kraut wurde zu einer Vielzahl von Gerichten gegessen, zum Beispiel auf Schwarzbrot, Buchweizenpfannekuchen, Hafermehlwaffeln, Reibekuchen und vielem mehr.

Das nicht zum Verkauf und nicht zum Trocknen geeignete Obst wurde zum Teil in Krautpressen gebracht, wo Birnen- oder Apfelkraut hergestellt wurde. Oder aber man stellte das Kraut nach dem bereits geschilderten Verfahren selbst her.

Haltbare Äpfel wurden unbearbeitet im Keller, in Haferspreu oder in Heu gelagert. Fallobst verarbeitete man zu Apfelkompott. Das Einmachen von Kompott, Obst und Gemüse in Gläsern kam im zweiten Jahrzehnt dieses Jahrhunderts auf.

Herstellung von Weißem Käse:

Für den „Weißen Käse" ließ die Bäuerin die Milch an einem warmen Ort (30–32 Grad) säuern. Wenn sich der ausgefällte Käsestoff von dem Käsewasser trennte, gab sie die Masse in ein lose gewebtes Leinentuch, welches über ein Sieb gebreitet war. Die Enden des Leinentuches knotete sie so zusammen, daß sich die Masse zu einer Kugel formte. Die Kugel ließ sie über Nacht über einem Abfluß oder einer Schüssel hängen, damit das Käsewasser abtropfte.

Wenn das Käsewasser abgetropft war, gab sie den Käse auf einen Teller, und es konnten Scheiben davon als Brotaufstrich abgeschnitten werden. Besonders gern wurde der Weiße Käse zu Schwarzbrot mit Rüben-, Apfel- oder Birnenkraut gegessen.

Zum Teil rührte man den Weißen Käse mit Vollmilch zu Klatschkäse, der nach Belieben süß oder herzhaft abgeschmeckt wurde.

Zubereitung von Hartkäse:

Ein Hartkäse, Handkäs oder Fuustkäs genannt, war der Stolz der Hausfrau und wurde auch nur bei besonderen Gelegenheiten aufgetischt.
In den Weißen Käse gab sie Salz, Pfeffer, Kümmel und manchmal auch Fenchel, Zimt oder gemahlene Nelken. Nachdem der Käse gut mit den Gewürzen verknetet war, formte sie kleine Kugeln daraus und legte sie auf das Fensterbrett des Obergeschosses. Das Fensterbrett hatte sie vorher mit gereinigtem Kornstroh belegt. Hier ließ sie den Käse reif werden. Er soll übrigens einen ziemlichen Gestank verbreitet haben. Der reife Käse wurde dann in einem Steintopf aufbewahrt und gelegentlich mit frischem Wasser abgewaschen.

Lagerhaltung

Die Eigenwirtschaft machte die Lagerhaltung von Obst, Gemüse und Fleisch zu einer lebenswichtigen Notwendigkeit. Als Verfahren der Haltbarmachung waren bekannt: das Trocknen von Obst, Gemüse und Fleisch, das Salzen, Pökeln und Räuchern von Fleisch, das Einlegen von Gurken und Zwiebeln in Essig und das in Salz Einstampfen, um durch entstehende Milchsäure zu konservieren.

Obstverwertung:

Auf kleinen Holzhürden, die man dem Backofen angepaßt und die der Schreiner aus Faulbaumstämmen gefertigt hatte, wurde das Obst gedörrt. Das Dörrobst aß man zu Weihnachten, reicherte Milch-, Hafermehl- oder Gemüsesuppen damit an und verfeinerte damit den Sonntagskuchen. Statt Gemüse aß man Dörrobst, welches vorher eingeweicht wurde, zu Dampfkartoffeln. Am Tage nach dem Fuch, wo das Obst für das Dörren vorbereitet wurde, heizte der Bauer den Backofen, backte darinnen erst das Brot und gab danach das Obst zum Dörren hinein. Meist waren Apfel- oder Birnenschnitzel schon nach zehn Minuten fertig. Erkaltet kamen sie in Eichenholzkisten, „Schnetzelkisten" genannt, die auf dem Dachboden standen. Später bewahrte man sie auch in Leinensäcken auf, die an freiliegenden Deckenbalken hingen.

Einsalzen von Gemüse:

Am Beispiel der Bohnen soll das Einsalzen in Töpfen oder Fässern beschrieben werden. Man benötigte ein halbes Weinfaß oder einen großen Steintopf. Die Fässer sollen sich angeblich besser geeignet haben, als die später aufkommenden Steinguttöpfe. Vor dem Gebrauch muß das Gefäß einige Tage mit Wasser gefüllt und gründlich gereinigt werden.

Bei einem „Fuch" hatten die Frauen die Bohnen vorbereitet, abgezogen, gewaschen und in kleine, dünne, schräge Streifen geschnitten.

Der Boden des Steinguttopfes wird drei Zentimeter mit Bohnen bedeckt, diese Schicht stark mit Salz bestreut und mit der Faust festgeknetet. Diesen Vorgang wiederholte man, bis der Bedarf gedeckt oder der Topf gefüllt war. Durch das Stampfen entstand eine Flüssigkeit (Lake), die die Bohnen haltbar machte. Diese Lake mußte in regelmäßigen Abständen abgeschöpft werden.

Der Inhalt des Topfes wurde mit einem sauberen Leinenlappen und einem Stück Buchenholz, das den Topf zur Hälfte verschloß, abgedeckt. Zum Beschweren legte man ganz oben einen Kieselstein – keinen Backstein — auf.

Einmal wöchentlich mußte das Tuch ausgewaschen und das Holz abgewaschen werden.

Kühle Lagerung war erforderlich.
Das Einsalzen von Kohl verlief in gleicher Weise. Im Winter kochten die Bäuerinnen von dem angesäuerten Gemüse dickflüssige Gemüsesuppen, die auf Grund des reichen Anteils an natürlicher Milchsäure einen unnachahmlichen Geschmack erhielten.

Pökeln und Räuchern von Fleisch:

Durch Pökeln und Räuchern wurden Speck, Schweinefleisch und Rippchen haltbar gemacht. Schinken spielte bei den Bauern als Brotaufschnitt kaum eine Rolle, weil er meist verkauft wurde. Das vom Bauer haltbar zu machende Fleisch lag zunächst mehrere Wochen in einer Pökellake. Dafür waren Holz- oder Betongefäße notwendig. Nachdem das Fleisch mehrfach gewässert worden war, wurde es einige Tage an der Luft getrocknet und dann geräuchert. Der bakterientötende Rauch machte das Fleisch haltbar. Das Fleisch blieb in dem Rauchfang über dem offenen Herdfeuer oder in der Räucherkammer auf dem Speicher, bis es gebraucht wurde.

Einlegen in Essig:

Gurken und Zwiebeln wurden in Essig eingelegt. Die geschälten und zum Teil zerschnittenen Gurken und Zwiebel wurden in einen Essigsud aus Essig, Salz, Gewürzkörnern und Lorbeerblättern gelegt und in einem Steintopf mehrere Tage stehengelassen. Dann nahm man die Gurken und Zwiebel heraus, gab sie in Gläser, kochte den Essigsud nochmals auf und schüttete ihn über Gurken oder Zwiebel. Dann mußten die Gläser luftdicht verschlossen werden.

Steinguttöpfe

Arbeit und Geselligkeit in einem Bauernhaushalt

Das Leben in einem Bauernhaushalt war gekennzeichnet durch harte körperliche Arbeit. In der Regel wurden die Arbeiten von den Familienmitgliedern verrichtet. Während der Ernte jedoch war man auf Hilfe angewiesen. Nachbarschaftliche Hilfe war eine Selbstverständlichkeit. Das ist nicht verwunderlich, da sie überall auf Gegenseitigkeit beruhte. Neben der gemeinsamen Arbeit pflegte man aber auch die Geselligkeit, die man sich besonders am Abend eines arbeitsreichen Tages leistete. Wenn zum Beispiel die Lagerung von Obst und Gemüse vorbereitet wurde, so trafen sich die Dorffrauen zur Gemeinschaftsarbeit auf der Scheunentenne oder Küchendiele. Im August/September waren riesige Mengen von Bohnen und Kraut haltbar zu machen. Zur Vorbereitung für das Einsäuern wurde der Kohl auf der „Kappesschaf" gehobelt und die Bohnen wurden entfädelt, geschnibbelt und gewaschen. Diese Zusammenkünfte, die reihum in den einzelnen Bauernhäusern stattfanden, wurden Fischowend, Host, Foch oder Fuch genannt.

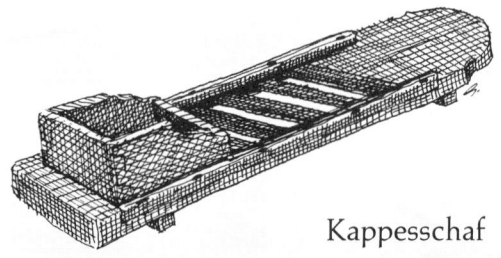

Kappesschaf

Auch der Spätherbst mit der Obsternte machte die Gemeinschaftsarbeit wieder erforderlich. Bei den „Appels- ond Biereföchen" wurde das Obst für das Trocknen vorbereitet. Die Früchte mußten geschält, geteilt und vom Kerngehäuse entfernt werden.

Die Zusammenkünfte der Dorffrauen erfreuten sich besonderer Beliebtheit, da während der Arbeit mit einer guten Tasse Kaffee und etwas zu Essen zu rechnen war. Außerdem war es üblich, daß sich am Abend auch die Jungen des Dorfes einfanden und eine vergnügliche Nachfeier einen arbeitsreichen Tag beschloß. Mit Hausmusik, Tanz, Gesang und Zimmerspielen verbrachte man den Abend. Streiche kamen auch vor. Angeblich sollen Gemüseabfälle am Morgen des nächsten Tages öfters vor den Türen unbeliebter Nachbarn gefunden worden sein.

Einen weiteren Anlaß zur gemeinsamen Arbeit und zur Geselligkeit brachte der Oktober. Wenn die Kinder genügend Walnüsse gesammelt hatten und diese so lange gelegen hatten, daß die Schale mürbe wurde, traf man sich und entfernte die Schale. Das wurde als das „Löten" der Walnüsse bezeichnet. Die Arbeit bekam ihren Reiz dadurch, daß die Bäuerin zwischendurch Hafermehlwaffeln oder Buchweizenpfannkuchen und Kaffee auftischte.

Wenn man nach getaner Arbeit das Haus verließ, trug man eine Schürze voll Nüsse als Lohn heim. Die Nüsse wurden für die Weihnachtszeit aufgehoben, um damit die Kinder zu erfreuen. Welchen Stellenwert die Kartoffelernte bei der ländlichen Bevölkerung hatte, zeigte schon die Tatsache, daß die Herbstferien als Kartoffelferien bezeichnet wurden. Besonders zu dieser Zeit war man auf Hilfskräfte angewiesen, die zum Teil sogar aus nahegelegenen Städten anreisten. Darum wurde auch von Kartoffelrommel gesprochen.

Nach dem Motto „Wer hart arbeitet, muß auch gut essen" brachten die Bäuerinnen am Nachmittag etwas aufs Feld. In einem Korb, der mit Tüchern abgedeckt war, trugen sie Kaffee mit Milch und Zucker und Reibekuchen aufs Feld. Bei reicheren Bauern gehörte auch selbstgebackener Streuselkuchen dazu.

Auch das Abendessen, eine warme Mahlzeit, nahm die Familie mit den Hilfskräften gemeinsam ein.

Als Ereignis galt es, wenn in einem Bauernhaushalt eine Hausschlachtung durchgeführt wurde. Die Bauern gaben in der Regel die Rinder zum Metzger. Rinderbraten gab es bei den Kleinbauern fast nie. Für den eigenen Bedarf kamen Schweine und Ziegenlämmchen in Betracht. Vor Weihnachten haben sich die Hausschlachtungen von Schweinen und vor Ostern die von Ziegenlämmchen gehäuft, berichtete ein Metzger aus dem Oberbergischen. Das Fell des Ziegenlämmchens habe er als Lohn erhalten. Er erinnere sich noch, daß die Bauern einen Schweineschinken meist verkauft hätten, um davon den Kleesamen zu kaufen. Überhaupt habe man die Hinterschinken meist verkauft. Aus seiner Sicht stellte sich das Ereignis des Schlachtfestes folgendermaßen dar:

Bereits im Morgengrauen habe er sich zu dem Bauernhaus begeben und sei meist schon erwartet worden. Immer sei er von einer Schar von Kindern umgeben worden. Auch bei den Nachbarn habe sich schnell herumgesprochen, daß hier geschlachtet wurde und das brachte auch den Nachbarn Annehmlichkeiten, von denen noch zu berichten sein wird.

Zunächst habe er sich die notwendigen Dinge zurechtgelegt: Leiter, Krummholz, Pfanne, Sieb. Er habe sich im Haushalt ausgekannt wie die Hausfrau. Alles habe auch seinen festen Platz gehabt – jahrelang. Leiter und Krummholz bekamen ihren Platz vor dem Haus, wo das Schwein später zum Auskühlen aufgehangen wurde.

Das Töten des Schweines war meist für die Familie mit einem weinenden Auge verbunden, denn der Kontakt zu den Tieren war enger als er heute auf vollmechanisierten Höfen ist.

Nachdem das überstanden, die Borsten abgebeizt und das Schwein zum Auskühlen vor dem Haus hing, war der erste Teil der Arbeit überstanden und die Vorbereitungen für das Wursten konnten getroffen werden. Für das Wursten wurden noch etwa vier Stunden gebraucht und die ganze Familie mußte mit anfassen.

Der Nachmittag verging damit, das Tier zu portionieren, die Vorbereitungen für die Lagerung zu treffen und die Wurst herzustellen.

Bei jeder Hausschlachtung eines Schweines sei Panhas gemacht worden. Die in der Pfanne verbleibenden Überreste seien mit einem Stück Roggenbrot aus der Schüssel gekratzt worden.

Am Abend zogen die Kinder der Nachbarn, die die Arbeiten mit Spannung verfolgt hatten, mit einer kleinen Wurst nach Hause. Den nächsten Nachbarn, die mittags schon etwas von der fetten Suppe bekommen hatten, wurde auch Panhas oder Kröse gebracht. Beim eigenen Schlachtfest revanchierte man sich.

Das Schlachtfest wurde mit einem guten Abendessen beschlossen, das aus Panhas, Kröse oder Schweinebraten und Reibekuchen bestand.

Gerichte an Sonntagen, Feiertagen und bei Familienfesten

Der Festlichkeit eines Feiertages hat man auch früher schon durch besonders gutes Essen Ausdruck geben wollen. Die Auswahl war geringer und man war dennoch zufriedener. Aus den wenigen Lebensmitteln schmackhaft zubereitete Festgerichte galten als Gaumenschmaus.

Sonn- und Feiertage:

Bestimmte Gerichte waren schon dadurch Sonn- und Feiertagen vorbehalten, daß sie nur in begrenztem Ausmaße zu bekommen waren. Alle Weizengebäcke galten im 19. Jahrhundert als Festgebäcke. Das heute alltägliche Weißbrot war damals etwas Außergewöhnliches. Dies „schier" zu essen, war verpönt. Es wurde darum als Auflage auf Schwarzbrot verzehrt. Auch Brezeln oder Zwiebäcke, die über Land ziehende Kiepenkerle verkauften, waren dem Sonntag angemessen.

Da das Fleisch von der Tierzucht größtenteils gegen andere Waren eingetauscht werden mußte, war auch das Fleisch knapp, und noch längst nicht an jedem Sonntag gab es Fleischgerichte. Oft bereitete die Bäuerin aus Knochenfleisch eine Fleischbrühe. Das Suppenfleisch aß man dann zu Dampfkartoffeln mit einer Soße aus der Fleischsuppe und Senf. Wecken, die nach dem Gottesdienst verkauft wurden, waren auch für den Sonntag bestimmt und dienten als Einlage in die sonntägliche Fleisch- oder Milchsuppe.

Familienfeste:

Während es heute üblich ist, bei Familienfesten die Kochkünste der Gastronomie zu bemühen, fand früher alles im Hause statt. Stand ein Familienfest an, so waren die Nachbarn zur Stelle, die mit Tischdecken, Stühlen, Schlafgelegenheit, Lebensmitteln und der eigenen Arbeitsleistung zur Seite standen. Bei hohen Familienfeiern sollte der Tisch würdig hergerichtet werden. Die ein oder zwei Tischdecken, die man besaß, wurden hervorgeholt. Manchmal lieh man sich auch Tischdecken aus. Das im Rahmen der Möglichkeiten Stehende wurde an Leckerbissen herangeschafft, und die von weiter angereisten Verwandten brachte man bei Nachbarn unter.

Bei Hochzeiten war es im 19. Jahrhundert noch üblich, die Gäste mit selbstgebackenen Plätzen und Stuten zu bewirten. Nach 1900 kamen dann die Kuchen vom Blech auf, und dann wurden Apfel-, Streusel- oder Pflaumenkuchen beim Bäcker bestellt. Die heutigen Festtagstorten aus Sahne und Butterkrem kamen in bäuerlichen Familien erst im zweiten Viertel dieses Jahrhunderts auf.

An manchen Orten gab es bei Geburtstagen den Brauch, den Kindern bis zum 10. Lebensjahr eine Kette mit soviel Brezeln um den Hals zu hängen, wie sie Jahre zählten. Eine große Geburtstagsbrezel war in Notzeiten nicht selten das einzige Geburtstagsgeschenk.

Ein weiterer Anlaß, nicht eines Festes, sondern einer Zusammenkunft der Familie, war ein Trauerfall in der Familie. Da auch die Verwandten aus entfernteren Orten, zum Teil auf beschwerlichen Wegen, anreisten, hatte man sie zu bewirten. Die heute noch üblichen „Reuzechen" waren von daher eine Notwendigkeit. Die Trauergäste wurden im vorigen Jahrhundert mit Schwarzbrot und Stuten bewirtet. Auch zu diesem Anlaß bestellte man später die Apfel-, Pflaumen- oder Streuselkuchen auf dem Blech.

Ostern:

Der heute allbekannte Brauch des Ostereiersuchens tauchte im Bergischen Land erst nach 1900 auf. Eierspeisen waren an den Osterfeiertagen jedoch schon länger ein verbreitetes Gericht. Vor Ostern ließen viele Bauern ein Ziegenlämmchen schlachten. An einem Osterfeiertag traf sich dann die ganze Familie und verzehrte gemeinsam den köstlichen Osterbraten. An dem anderen Feiertag waren dann Eierpfannkuchen obligatorisch.

Pfingsten:

Einige wenige Bauern konnten sich Ostern noch nicht zum Schlachten des Ziegenlämmchens entschließen, sie wollten es

noch etwas mästen. Pfingsten war es dann schlachtreif, und der Braten für einen Pfingstfeiertag war sichergestellt.

Typische Pfingstessen waren jedoch Eierkuchen und Eierkäse. In verschiedenen Gegenden zogen Pfingsten (in anderen Orten Ostern oder am Abend vor dem ersten Mai) die Jungen zwischen 15 und 25 von Haus zu Haus und huldigten dem Brauch des Eiersingens. Durch ihren Gesang erbaten sie vor den Haustüren Eier. Wenn sie Glück hatten, war auch einmal ein Stück Speck dabei. Zeigten sich die Gebetenen gebefreudig, erschallte ein Danklied, taten sie es nicht, ein Spottlied, das bis zu den Nachbarhäusern herübertönte. Nach dem Rundgang oder an dem Sonntag nach Pfingsten trafen sich die Sänger in dem Haus von einem von ihnen, und die gesammelten Eier wurden mit den übrigen Zutaten zu Eierkuchen verarbeitet.

Weihnachten:

Vergleicht man die Weihnacht – heute und gestern – so fällt die Bescheidenheit auf, mit der dieses Fest von unseren Vorfahren begangen wurde.
In der Vorweihnachtszeit stellten die Kinder Tassen von innen auf die Fensterbank. Am nächsten Morgen waren sie gefüllt mit Nüssen, getrocknetem Obst und handgeformten Gebildwecken. Die Gebildwecken waren typisch für die bergische Weihnacht. Sie waren bei allen Bäckern zu kaufen. Sie hatten Menschen- oder Tiergestalt oder waren Nachbildungen von Gegenständen: Hühner, Hund, Häschen, Eichhörnchen, Hirsch, Weibchen, Weckmann, Pfeifenmann, Schere und Pfeife. Der beliebteste und

teuerste Gebildweck war der „Ritter zu Pferde", der nur auf Bestellung beim Bäcker zu erhalten war. Die Gebildwecken bestanden aus Hefeteig und waren von Hand geformt. Augen wurden aus Korinthen oder Rosinen in den Teig gedrückt. Das getrocknete Obst hatte die Bäuerin bis Weihnachten in der „Schnetzelkiste" gelagert und holte es nun heraus. Auch die Nüsse hatte sie eigens für Weihnachten aufbewahrt. Nach dem Kinderglauben füllte der Nikolaus (Kloos, Nikloos, Pelzneckel) die Tassen. Manchmal warf der unsichtbare Gabenspender die Obstschnitzel und Nüsse auch einfach in die Stube. Nach 1900 erschien der Nikolaus auch persönlich.

Auch der Weihnachtsteller enthielt die bereits genannten Kostbarkeiten, die die Süßigkeiten unserer Vorfahren waren: Getrocknetes Obst, Nüsse, Äpfel, Wecken, Brezeln und handgeformte Gebildwecken.

Je nach Wohlstand der Familie waren die Gerichte der Weihnachtstage zusammengestellt.

In den verschiedenen Regionen des Bergischen gab es eine Reihe von Feinbroten, die vornehmlich am Weihnachtsfest gebacken wurden.

Zum festlichen Mittagessen gehörte in der Regel eine gute Rindfleischsuppe, in die eine Brezel als Einlage gebrochen wurde. Als verbreitete Hauptgerichte nannten die Befragten einen Braten aus einem Nackenstück vom Schwein, Grünkohl mit Bratwurst (an manchen Orten am Heiligen Abend üblich), Möhren mit Speck oder Sauerkraut mit weißen Böhnchen und Schweinebacke.

Beim Kaffeetrinken wurden als Festtagsgerichte Hafermehlwaffeln, Eiserkuchen, Buchweizenpfannkuchen, Burenbrezeln oder Hefekuchen mit Speckscheiben genannt. Am verbreitetsten war wohl der Brauch am Weihnachtstage, die aus dem langgestielten Kucheneisen gebackenen Eiserkuchen zu essen, die mit Birnenkraut oder Honig bestrichen und dann zusammengerollt wurden.

Silvester/Neujahr:

Nachdem man am Silvesterabend die Jahresabschlußandacht besucht hatte, gingen die Männer oft zum Kartenspiel um die Neujahrsbrezel. Entweder ging man in die Gastwirtschaft, oder aber die Frauen sorgten mit selbstgebackenen Muzen und Aufgesetztem für das leibliche Wohl. Dieser Brauch hat sich bis Ende der 30er Jahre erhalten. Teilweise kartete man auch um Würste oder Plätze.

Die Jugend eines Ortes fand sich in der Silvesternacht zu Gesang, Tanz und Zimmerspielen ein. Auch hier war ein Spiel mit der Brezel bekannt. Beim Brezelnziehen (Brezelnde'isen) faßten zwei sich gegenüberstehende Jungen mit zwei Fingern die Enden

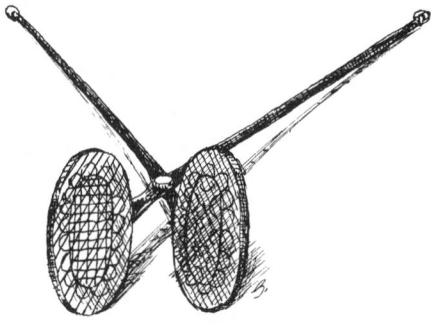

Eiserkucheneisen

der Brezel und zogen daran. Derjenige war Sieger, der den Teil mit dem Steg in der Hand behielt.

Wenn die Kinder am Neujahrstage ihre Paten besuchten, bekamen sie von diesen eine Brezel geschenkt.

Bei den Bäckern war es Brauch, zu Neujahr die Kunden mit dem Neujahrsplatz zu beschenken, einem Hefeplatz mit Rosinen. Dieser kam zum Neujahrs-Kaffeetrinken auf den Tisch. Außerdem holte man die von Weihnachten aufbewahrten Eiserkuchen und wärmte sie wieder auf, oder man bot die zu Fastnacht und Neujahr üblichen Muzen.

Die Kapitel über Lebensbedingungen, Kaffeetafel, Feiern und Lagerhaltung konnten nur kurze Hinweise bieten. Dennoch hoffen alle Mitarbeiter des Buches, daß einige Ihrer Fragen beantwortet worden sind.

Vielleicht sogar ist es uns gelungen, Sie nicht nur zum Kochen, sondern darüber hinaus zum volkskundlichen Forschen anzuregen. Beides wird Sie zu der Erkenntnis führen: Von den „Alten" können wir noch etwas lernen.

Viel Vergnügen wünschen Ihnen dazu
Die Mitarbeiter des Bergischen Kochbuches.

Quellenverzeichnis:

Endermann, K.A.: Bure Kaffee eß heh Spezialität…! Bergische Kochkünste – an Hand einer lustigen „Fooderkaat" aufgezählt. – In: Rheinisch-Bergischer Kalender 38 (1968), S. 139.

Hundhausen, Emil: „Unser täglich Brot…" Ein Beitrag zur Volkskunde im Bergischen Land. – In: Romerike Berge 21 (1971) 3, S. 103.

Kaufmann, Otto: „Wat ha mr hüt en ander Welt…!" Gute, alte, bergische Bauernkost (1.–4.) – In: Rheinisch-Bergischer Kalender.
1. Brei, Brot und Butter 33, S. 39 ff. (1963)
2. Käse, Kraut und Kuchen 34, (1964), S. 137 ff.
3. Mittag- und Abendgerichte 35, (1965), S. 119 ff.
4. Festgebäcke und -gerichte 37, (1967), S. 113 ff.

Kaufmann, Otto: Das Bäckerhandwerk im Wandel der Zeiten. Alte Weihnachts- und Neujahrsgebäcke. – In: Kreisblatt. Mitteilungsblatt für den Oberbergischen Kreis. 28. Jg. 12, (1973), S. 17 ff.

Kombüchen, Peter: Vom Brotbacken im vorigen Jahrhundert. – In: Rheinisch-Bergischer Kalender 33, (1963), S. 132.

Münch, Willi: Die Bergische Kaffeetafel, Wülfrath 1967.

Peters, Auguste: Von Schmausereien und Knausereien. Allerlei Oberbergisches aus frühen Tagen. – In: Rheinisch-Bergischer Kalender 7, (1927), S. 110 ff.

Folgende Anekdoten wurden inhaltlich anderen Publikationen entnommen.

Der sparsame Bauernwirt aus: Brensing, Walter: Anekdoten, Erzählungen, Originale aus der Oberbergischen Heimat, Verlag Gronenberg, Gummersbach 1974.

Das Mittagsmahl im Hotel aus: Brensing, Walter: Anekdoten, Erzählungen, Originale aus der Oberbergischen Heimat, Verlag Gronenberg, Gummersbach 1975.

Verbotener Bohnenkaffee; Die versalzene Erbsensuppe; Die gute Buttermilchsuppe aus: Kaufmann, Otto: Schwänke und Streiche aus dem Homburger und Waldbröler Land – 1, Verlag Gronenberg, Gummersbach 1975.

Die leckeren Plattenkuchen aus: Kaufmann, Otto: Schwänke und Streiche aus dem Homburger und Waldbröler Land – 2, Verlag Gronenberg, Gummersbach 1977.

Einwecken aus: Rheinisch-Bergischer Kalender, Heider Verlag Bergisch Gladbach, 1950.

Frisches Fleisch aus: Rheinisch-Bergischer Kalender, Heider Verlag Bergisch Gladbach, 1950.

Der unerwünschte Eierkuchen aus: Rheinisch-Bergischer Kalender, Heider Verlag Bergisch Gladbach, 1957.

Von der Heilkraft der Möhren aus: Rheinisch-Bergischer Kalender, Heider Verlag Bergisch Gladbach, 1959.

Die Predigt und die Bratwurst aus: Rheinisch-Bergischer Kalender, Heider Verlag Bergisch Gladbach, 1959.

Rezepte und Notizen

Rezepte und Notizen

Rezepte und Notizen

Rezepte und Notizen

Rezepte und Notizen

Rezepte und Notizen